はじめに
こうしてあなたは本当の豊かさを手にすることになる

「お金がお金を忘れさせる」

この言葉は、世界的に有名なロックミュージシャンが、自らのインタビューの中で言っていた言葉だ。

その意味については、のちほどお話しするとして、ここであなたに一つ質問がある。

あなたは、私達が、毎日の生活や人生の中でいかにお金に縛られた生活をしているか、考えたことはあるだろうか?

たとえば、日々の支払いに追われ、喜ばしいお祝いのときに送り出すお金さえもため息まじり。何か買うときにも、欲しいか欲しくないかの基準ではなく、買えるか買えないかで選択する。あるいは本当は気に入らないけれど、妥協で買ってしまう等々……。

もしかしたらこんな毎日を送ってはいないだろうか?

しかし、お金が豊かにあれば、こうした細かいお金のことで胸を痛める必要はない。

そして、まさにこれこそが冒頭で申し上げた、「お金がお金を忘れさせる」なのだ。

つまり、豊かにあるお金の存在が、お金のことで悩んだり、いちいち気にしなくてもいい生活をもたらす、ということ。ちなみに、お金のことで悩んだりと申し上げたが、実のところ人間の悩みは意外と少ない。

大きく分けると、「お金」と「人間関係」だ。


この2つは、人生の中で私たちに大きな教訓を与えてくれている。そして、このうちのお金に関する悩みから解放されると、必然的に人間関係の悩みも激減するであろう。

なぜそう言えるのか——。

第一に、お金に余裕があれば、ビジネス上での無理な付き合いから解放される。

さらに、お金がある人は、お金にまつわる「負の感情」がほとんどなく、穏やかで親切な人たちなので、自然とそうした人たちが引き寄せられていく。よって、心穏やかな人間関係が培えるわけだ。


そこにはある法則が関係している。それは、

・出せば入る
・与えれば与えられ、与えなければ与えられない
・価値を提供すれば対価としてお金が入ってきて、価値を与えなければお金は入ってこない
・お金に対する感情と同じ波動のものが戻ってくる
・お金は思い込んだ通りの動きをする

という、文字にするとシンプルなものばかり。ただ、そうはいっても、いざ行動するとなるとできない人も多いことだろう。

そこで本書では、こうしたお金の本当の仕組みと真の豊かさについて、どうしたらすぐに行動できるようになるのか、その行動の指針となるものを伝えていく。とはいえ、これらは今までの稼ぎ方を変えるものでもなければ、やり方を変えるものでもない。

のちほど本文で明らかにしていくが、ここで少しだけ申し上げると――。

「現実を変えるには、あなたの意識の向けどころを変え、思考を変える」ということ。

これこそが一番の近道だ。

本書によって、それを知ることで、あなたがこれまで周囲から受けたお金に対する固定

観念をぶち壊し、まずは小さな行動から小さな豊かさを、そしてそれを雪だるま式にドンドン大きくしていってほしい。そうすることで、やがてあなたは欲しいと思う額だけのお金を手に入れるようになるだろう。

そのうえで伝えたいある真実――。

それは、あなたがいまこの瞬間も自分のイメージ通りのお金を受け取っているということだ。

もしあなたが、お金を欲しいと願っているのに、それが現実化しないのならば、深層心理では、お金を「嫌っている」ということにほかならない。

「なぜそうなるのか?」と疑問に思った人は、このまま読み進めてほしい。

一方で、「お金はいりません。今のままで十分です」と思った人は、ここで本を置くことをおすすめする。なぜなら、「時は金なり」ということわざにもあるように、時間はお金と同様に貴重なものだからだ。

そのうえで、本書を読み進めることを選択したあなたは、本書を読み終えるころには、この真実の意味がわかるだけではなく、真の豊かさやお金よりも大切な物が何であるか?ということ。さらには、お金が誰かを本当に幸せにする大切な存在でもあり、自分を大切にするために必要不可欠のものであるところまでも理解することだろう。

また、これをきっかけに、あなたが理解にとどまらず、今よりワンランク上の自分とワンランク上の人生を現実に手にできたとき。もっと上のステージで上質な時間を過ごしながら、お金というツールで周りの人々をも幸せにできたとき。

そのとき、本当の意味で、あなたは「お金の呪縛」から解き放たれ、お金にまつわる「負の感情」から一切解放されるであろう。と、同時に、冒頭で申し上げた「お金がお金を忘れさせる」ことを体感するに違いない。

本書の目的は、こうしたお金に関する「負の感情」を払拭すること、そして、お金の奴隷になるのではなく、お金と親友のような心地よい関係を培うために必要な要素をまとめたものである。

最後にもう一度言う。

お金は決してあなたを縛るものではない。あなたとあなたの愛する人々の幸せのため、また夢のために動いてくれるサポーターのような存在なのだ。

これらのことを少しでも知っていただけたら幸いだ。

ワタナベ薫

ワタナベ薫 お金の格言 目次

Chapter…2 Money & Simple Mind

お金ほど思い通りに動くものはない

Chapter…3 Money & Beauty & Elegance 美しさと品性が必要な理由

Chapter…4

Money & Wealth

豊かな循環に乗れる人、乗れない人

Chapter…5

Money & Life on one rank

ワンランク上の自分、ワンランク上の人生

本文レイアウト／齋藤知恵子（sacco）　写真／アマナイメージズ　shutter stock

Chapter...1

Money & Self Image

あなたに届いた
“招待状”を
どう受け取る？

Maxim

1

人から奪う人と
タダで何かを得ようとしている人は
いつまでたっても、豊かになれない

先進国では、その人が〝持っている物〟で、豊かさをはかられることが多い。日本もそう。いくら稼いだとか、どこに住んでいて、どんな車に乗っているか？　などでその人の「豊かさ」がはかられることがある。

しかし、そうした物質的な持ち物が、本当に豊かさを決めるものなのだろうか？

ネイティブアメリカンの格言に次のようなものがある。

「インディアンの富は持っていることではなく、与えるものではかられる。これがインディアンのいう〝与えられる人〟の真意だ」（『アメリカインディアン聖なる言葉』ロバート・ブラックウルフ・ジョーンズ　ジーナ・ジョーンズ 著 加藤諦三 訳・解説　大和書房）。

いかに与えられるか？　ここに豊かさの真髄がある。

これは、豊かにならないと与えられないのではなくて、今自分にある物から与えることで、すぐにでも豊かになれるということ。

与えたら与えられる。人から何かを奪ったら、何かが奪われる。なんとも単純な法則であるが、一方で最近、こんな奪い方があらわれてきた。

たとえば、お店でサービスを受けると、当然対価としてお金の支払いが生じるが、ネット社会になってから、ときどきこういった人がいるのだ。

ある電化製品を買おうする。店で買うよりもネットのほうが断然安い。しかし、現物がどんな物かもわからないし、使い方も知りたい。

そこで家電量販店に行って、お店の人から何十分も時間をかけて、その商品についての説明を受ける。それなのにお店では買わないで、後に店舗よりも安く売っているネットショップで、その商品を買ってしまうのだ。

何が言いたいか、おわかりだろうか？　買う気もないのに、お店の人から使い方の説明や特徴を聞く。本来は、もうここでサービスを受けていることになるのに、そこにはお金を支払わない。これはある意味、「奪う」ことになる。

「それが仕事でしょ！」とか「説明を受けて買わないこともあるでしょ？」と言いたい人もいるだろうが、問題はそこではなく、その商品を買うのに、説明だけ受けて違うところから買うという点だ。

本来、与えなければならないであろう「対価」を支払わない行為が、結果として他人から奪っているという点。これが循環（お金が廻るシステム）を崩していることになるのだ。

最初からその商品を買う気はなく、サービスだけを受けてネットで安く買う。その瞬間は確かに自分だけが得をする。しかし、後々には得にはならない。そして法則通りのことがいずれ身に起こることになる。

与えたら、与えられる。与えなかったら、与えられない。奪っていたら奪われるのだ。因果応報、いつか自分も同じことになる。さらに悪いことに、そのようなことをしつづけることは、「自分はお金がない人」というセルフイメージをつくり、知らずしてインプットをしていることにもなる。もちろんこれは、ネットで買ってはダメ、という意味ではない。ネットは便利だし、安いのは確か。

ただその循環システムを崩すとお金は入ってこない。

そして、もう一つ奪う行為に入るのが、時間ドロボーだ。これもまた人から奪う行為になる。たとえば、会社で勤めている時間は、会社のために働かなければならない。しかし、そこで個人的な時間を長々と使っていたら、これもまた奪う行為となる。

お金をもらったらそれ相応の働きを提供することだ。もしお金をもらっておきながら、その時間を労働していないなら、いずれ、職さえも失うことになるであろう。

日常の小さなことでも、案外奪っていることがあるかもしれない。奪うよりも与える人でありたい。

Maxim

2

節約の奴隷は、お金に対する執着を生む

私が思う節約とは、10円20円安く買うことや、日常品、トイレットペーパーやティッシュなどを無駄遣いしないように気を使うことではない。

節約とは、いらない物を買わないこと。時間の浪費をしないこと。「時は金なり」なのである。

実を言うと、以前貧乏生活まっただ中だったとき、私は節約主婦だった。

当時は、節約雑誌を買って勉強したり、家計簿をつけては、赤字になったときに、フラストレーションと闘いながら、どうにか節約して、毎月黒字に持っていく方法ばかりを考えていた。

まるで数字の奴隷だ。

せっせとポイントカードにポイントを貯めて、たった５００円の割引券をもらうためにポイントカードを何枚もお財布に入れてパンパンにして。

「特売だからお得！」などといって、必要もないような物まで買ったり……。それこそ無駄遣い。

節約が楽しければいいのだが、もし、お金の不安があるから、という理由で節約の奴隷になっていたら要注意。

それは、小さなお金への執着をしていることになるからだ。執着は別の項目でも扱うが、お金が入りにくくなるマインドなのだ。


お金持ちは、意外に節約をしている。

彼らのお金の使い方は無駄がない。これこそ本当の節約。お金をかけるところとかけないところが、一般人とは違うのだ。


たとえば、移動手段がタクシーだとしたら、どう思うだろうか？　新幹線はグリーン車を使うことが節約だと言ったら？

ある人は、都内での移動はタクシーを使っている。これだけでは、とても節約しているとは思えないだろう。


しかしお金持ち思考になると、こういうことですら節約になる。

ある社長は、タクシー移動時には、ほんの少しの仮眠を取るそうだ。その仮眠のおかげで、仕事の効率が上がる。

電車で移動していたときは、それだけで疲れて、会社に戻っても、ドッと疲れが出てしまい、仕事の効率が悪いそうだ。

また、ある起業家もタクシー移動をしているとのこと。

それはタクシーに乗ったときに、本を読めるからだ。

なかなか読書のためだけに時間を取ることができないらしいが、唯一、タクシーに乗ったときは一番落ちついて、かなりのペースで読めると言っていた。


私は仙台の自宅から東京に移動するときは、新幹線を利用しているが、最初は普通車で移動をしていた。

しかし、あるとき都内での仕事が遅くなって、睡眠を取りたい、と思いグリーン車に乗った。爆睡だった。

家に着いたら一晩寝たくらいスッキリし、毎日の日課である、一日の終わりにブログを書くのに集中できた。

以来、グリーン車やグランクラスを利用している。椅子の仕様が違うだけで、こんなにも身体の疲れが違うのか？　と驚いている。

お金を使わない、という節約だけに意識が向いて切り詰めていると、どんどん悲壮感が出てくる。

と同時に、「私はお金がないので節約をしている」ということのインプットになり、セルフイメージが下がる。

だからお店の人に、「ポイントカードつくりますか?」と言われたら、「いいえ、つくらなくても大丈夫です」と、ぜひ笑顔で言ってみてほしい。

さらに、節約とは、単にお金のことだけではなく、時間と体力を節約することでもあり、それがお金の入る効率的な仕組みでもあったりする。

一流の人は使う頻度が多い物、長時間使う物にお金をかけている。

車の移動が多い人は、車にお金をかける。また睡眠時間は人生の3分の1とも言われているので、ベッドにお金をかけている。

さらに、デスクワークの人などは、椅子にもお金をかけている。

そのときお金がかかっても、効率を考えると、そちらのほうが身体によかったり、健康でいられたり、身体を休められたりして、仕事に集中できるからだ。

身体に負担がかかるようなことを強いることや、身体に悪い食事を摂ったり、不健康生活習慣を続けるよりも、今少しお金がかかっても、将来病気にならないように、自らにお金をかけることは、長い目で見たら節約であり、効率的な仕組みだ。

多くの起業家が会員費をわざわざ支払い、時間をとってジムに行き、身体を鍛える理由はそこにある。

こういった効率性にも目を向けていきたいものだ。

Maxim

3

年齢と同じ金額を、お財布に入れてみよ

当社が提供しているお金の教材に「Money-Re-programming（マネー・リプログラミング）」という音声教材がある。

その11回にわたるプログラムは、お金に対するブロックを探し出し、潜在意識からお金に対する意識を変えるためのさまざまな方法論が収められている。その中に、マネー・エクササイズと題して、毎回のプログラムのあとに、お金に関しての小さな行動を宿題として与えている。

さて、突然だがあなたは今財布にいくらお金が入っているだろうか？

一般的によく言われることとして、働きに出ている社会人なら、自分の年齢の10分の1を財布に入れておくのがいいと言われている。

30代なら3万円。40代なら4万円である。しかし、実際にはその金額を入れている人は少ない。あまりお金を入れていないのだ。理由は、入れておくと使ってしまうから。落としたら怖いから。たくさん入れると落ちつかない。などなど。

しかし、マネー・リプログラミングでは、「自分の年齢と同じ金額を自分のお財布に入れてみること」を宿題に出したことがある。30歳なら30万円。40歳なら40万円をお財布に入れてみるのだ。持ち歩かなくてもいいので、まずは入れてみること。これを読んであなたはどう思っただろうか？

このエクササイズには、何通りかの深い意味がある。まずは、財布に多額のお金を入れて、あなたが感じたことを知る、ということ。

素直にやってみた人の感想は、「ソワソワした」「ワクワクした」「どうも落ちつかなかった」「すごく豊かな気持ちになってお金持ちの気分になった」などなど、まちまちである。そこに豊かになることに対するあなたの潜在意識の本当の答えが潜んでいるのだ。それを汲み取るエクササイズである。

さらに別の意味は、セルフイメージの向上。つまり、自分はこれだけのお金を財布に入れられる人間である、というのをイメージだけでなく、実際の行動からインプットさせるという意味がある。

三つめの意味は、お金自身が「呼び金」となる、ということ。お金はお金を呼ぶので、たくさん入っているところにはそのお金たちのエネルギーが充満していき、そこにまたお金が引き寄せられてくる、というもの。

しかし、もっと大切な意味がある。「お金が出ていく」という不安からの解放だ。

ちなみにこのエクササイズをやってみた人には、もし可能なら、または気持ちがよかったなら、その金額をこれから財布に入れて持ち歩くことを付け加えた。

このようなエクササイズを思いついたのは、私自身の経験によるものだ。実は、会社をはじめてから、月の初めに自分の財布へ50万円を入れることにした。それからというもの、**お金に対する大きな変化を感じ取ったのである。**

昔の私はデパートに行くと軽いフラストレーションを感じたものだ。欲しい物はたくさんあるのに、高くて買えない、というブロックがあったから。

さらには、余裕で買えるようになってからですら、貧乏性が抜けず、買うときには非常に迷いを感じていた。お金が出ていくのが嫌だったのだ。つまり、お金の余裕があってもなお、お金に執着していたことになる。

50万円入れるようになってから、びっくりしたことがあった。

なんと、あれこれ欲しいという物欲がなくなったのだ。デパートに行き、「今欲しいと思う物はほとんどすべてすぐに現金で買えるのだ……」と思った途端、いつでも買える、との思いが、逆に「別に今は買わなくてもいい」という思考に変化したのだ。

さらに言えば、50万円入っていると、いくら使ったのか？　いくら財布に入っているのかがわからなくなる。以前1、2万円入れていたときは、どんどん減っていくお金に一喜一憂していて、お金を使うことに対して、負の感情を確実に乗せていた。反対に、多く入れておくと気にしなくなる。これについては賛否両論があると思うが、私にとってはお金が減っていくことを気にしなくなる最高の方法だったのだ。

ここでもう一人、似たような経験を持つクライアントの例を紹介したいと思う。書道家の心龍さん。彼女は30代のときにお金でつらい目に遭った経験があり、経済が苦しくなり、当時は、怒りや憎しみなどでメンタルがボロボロになったそうだ。

書道は実際お金がかかる。それでも月謝は食費を削ってでもなんとか捻出していたそうだ。

そんなとき、たまたまある知人が上の階級に上がるために、何人もの人を蹴落とすようなことをしていたことを知った。その後、その人の作品を見たとき、作品にその人の負の念が滲み出ているのを感じ取り、我を振り返ったとのこと。確かに芸術家というものは、作品にその人と魂というか想いが如実にあらわれるような気がする。

そこで彼女自身が、「お金のことで常にイライラや怒りを持っていたら、自分の作品にその感情が乗ってしまう……お金のことを考えない方法はないだろうか？」と考えたときに思いついたもの。

それが、１０００円札をたくさん入れて、毎日の買い物でいくら使ったかわからないようにしよう！　というものだった。以前はお金が出ていくたびにため息をついていたが、この方法にしたら、彼女もまた、いくら使ったかがわからなくなって、お金に対して負の感情が乗らなくなったという。

以降、彼女はそれを習慣にしていて、いつの間にかお金が出ていくことがあまり気にならなくなったそうだ。以前は、100円の寄付さえできなかったが、今では、数万円の寄付でもポンと払えている自分に驚いているとのこと。そして、何よりもお金が出ていくことに対しての不安がなくなり、今ではお財布の格をドンドン上げていき、1万円札を入れる割合を増やしたそうである。

巷では、お金の本やお金の教材やはたまたお金のセミナーなども多数あり、中にはお金の価値観をブチ壊す方法も提唱されている。たとえば、1万円札を破ってみることをすすめている人や、1万円札を神社のお賽銭箱に入れてみるなど。

どれも勇気がいりそうだが、銀行に眠っているお金を数十万円下ろして自分の財布に入れるくらいは簡単だろう。そこから自分がお金に対してのセルフイメージや深層心理にあるものを見つけ、豊かさというセルフイメージを定着させるにも有効だ。

柔軟な気持ちで、ちょっとやってみるのはいかがだろうか？　何か大きな気づきがあるかもしれない。

Maxim

4

「ありそうでないのがお金」ではなくて「なさそうであるのがお金」である

日本のことわざで「ありそうでないのがお金」というものがある。それには続きがあって、「なさそうであるのが借金」。

個人に向けての言葉だが、意味は、人の内情というのは外側からだけでは判断できなくて、ありそうに見えてもお金はなかったりするものだ、ということ。このようなことわざにより、自分にはお金がないと刷り込まれている人も多い。信じた者はそのまま貧乏思考を構築してしまうことになる。

しかし、私は逆にこう言いたい。**「なさそうであるのがお金」である、と。**誰でもお金を得るのは可能であり、しかもお金の流れは、法則に基づいていることなので、案外簡単なことなのだ。

たとえば、今、自分にお金がなかったとしても、世の中には信じられないくらいお金はある。そして、その貧富の差はどんどん開いてきている。お金を守ろうとする者がいる一方で、稼ごうとしている者がいる。

老後の不安を今からなくすことに備えるよりも、老後になってもお金が稼げるようなシステムづくりをしていったほうがよっぽどいい。

「お金はない」と信じるのはやめよう。「お金はある」のだ。あなたはそれを得ると決めるかどうかだけである。

Maxim

5

買い物して罪悪感を抱くくらいなら買わないほうがずっとまし

戦前戦後を経験した親たちは、物がなかった時代を過ごしている。「無駄遣い」をせず、その価値観で子どもを育ててきているため、子どもたちも、お金を使うことになんらかの罪悪感を抱いてしまいがちだ。

あなたにもせっかく自分のためにお金を使ったのに、買い物の後、「あ〜あ、お金をたくさん使っちゃった」という気持ちになったことはないだろうか？　すると、せっかくの喜びはチャラになってしまい、買い物＝負の感情ということになってしまう。ザ・悪習慣である。罪悪感を抱くくらいなら、買わないほうがマシなのだ。

それでは、いつまでたっても豊かにはならない。なぜなら、お金は使うことで喜びとなり、**その喜びがまたお金を呼び込む働きがあるからだ。**こうした罪悪感は癖であるが反復トレーニングで直すことができる。ネガティブな性格も批判癖も、考えすぎる癖も、「直る」と信じて思考のトレーニングを繰り返せば、どれも直っていく。

子どものころ、指を吸う癖があった人もいると思うが、親に「やめなさい」と言われつづけることで、徐々に吸わなくなったはずだ。それと同じように、「やめよう」と意識することで、ちゃんと直すことができる。

もし罪悪感が浮かんできてしまったら、自分で往復ビンタするなり頭をブンブン振るなりして、思考の遮断をしよう。そのうち、買い物が楽しくなってくるはずだから。

Maxim

6

送られてきた請求書は
誰かに感謝を表すことができる
あなた個人への招待状である

前項の話をもう少し発展させよう。たいていの場合、請求書は、まるで自分へ送られた不幸の手紙のように、気が重くなるような喜ばしくないものととらえている人がいる。

「ああ、また来たか……」「え？　今月こんなに使ったのか？」「はぁ〜……」

ため息まじりに、毎月毎月、心を痛めている人も多い。

しかし、よーく考えてみてほしいのだが、それ相応のサービスを受けたから、その対価としてお金を支払うのだ。

たとえば、電気というサービスを受けたおかげで、明るく暖かい、または涼しい場所で快適に過ごせたわけで、そのお金を請求されたからといって、文句を言うのはお門違いということを。

そして、もう少し考えてみてほしいのは、請求書は予測できることである。

あらかじめ自分が毎月、光熱費やクレジットカードで買った物を把握していたら、請求書が送られてきても、なんとも思わないはずだ。

だからこそ、ぜひ視点を変えてほしい。

その請求書は自分がサービスを受けたから支払う当然のお金であり、さらに言えば、あなたが送り出したそのお金で、誰かが生活をし、誰かの笑顔になり、もしかしたら、いい方法でお金が使われているかもしれないのだ。

だから**彼らに対する感謝の支払い**、ということになる。そう思うと、出ていくお金もまた、ため息まじりに重く送り出すよりは、心地よく送り出せることだろう。

そして、請求書が来たときには速やかに感謝の気持ちを乗せて送り出すようにしたい。

支払いをダラダラと遅らせると、お金の循環を止めてしまうことになるからだ。お金は結局、ただただ循環しているだけのこと。

「金は天下の回りもの」という言葉があるように、本当に廻っているのだ。その循環を止める行為は、非常に危険なのだ。

余談だが、少しだけお金の循環に関してお話ししたい。

そう、お金はただ循環しているだけのこと。

どんなにお金持ちであろうが、極貧であろうが、お金は廻っているだけ。お金が目の前を通る量が多いか少ないかの違いだけ。廻っているのに、お金を止めてしまう行為は、自分のところにお金が入ってこなくなることにもなるのだ。

何かの請求書がきたら、すぐに支払う。しかも、快くすぐに支払うということ。

お金は入ってきたときも喜ぶべきものだが、そのときだけでなく、お金を送り出せたときにも、喜びの波動を乗せたいものだ。

その喜びの波動を背負ったまま、お金は世界中を行き巡り、再び喜びの波動を乗せたまま循環し、再び自らの元に戻ってくるのだ。

お金を払うときに、支払い期日に遅れない、ブツブツ言わない。不平や不満の感情を乗せないで自分に支払える能力があることを喜ぶ。

そうすることで、そのお金がまた誰かの喜びのために使われることを喜ぶことにつながるのだから。

Maxim
7

絶対禁句！
意地でも言わない！「お金がない」

ネガティブなことばかり話している人には、お金はやってこない。なぜなら、マイナスの言葉には「マイナスの気」を呼び込む性質があるからだ。

ネガティブなことを口にしているうちに、どんどん気持ちが後ろ向きになっていき、マイナスの気が強化されてしまう。その結果、金運を遠ざけてしまうのだ。

普段何気なく使っている言葉が、実はあなたの内面をつくっていく。

いい言葉を使っていれば、いいセルフイメージを構築していくが、ネガティブな言葉はあなたの日常、ひいては人生自体もネガティブにしてしまう。

同様に、健全な口癖は、健全な人生へとあなたを導く力を持っている。そう、金運もアップできるのだ。

「やってみたいけど、お金も時間もないから無理」

こんな言葉を、あなたは日々、口にしてはいないだろうか。

この「お金がない」「無理」という言葉自体が、あなたのところにお金が入ってくるのを阻むブロックを積み上げているのだ。

お金が入ってくる可能性を、根こそぎシャットアウトしていると言ってもいいだろう。

ブロックを外すためには、何があなたのブロックになっているかを知る必要がある。

まずは、以下の質問の答えを考えてみよう。

あなたがお金に対して普段どう思っているかを探る質問である。

・私にとってお金とは〇〇である
・お金は〇〇なもの
・お金をたくさん持っている人は〇〇である
・お金持ちは〇〇である

〇〇の中に、あなたが思う言葉を入れればＯＫ。

質問一つにつき、思いつく限り書いてみてほしい。すると、あなたがお金に対してどんな思い込みを持っているかが見えてくる。

マイナスな言葉が入っていれば、それはそのままあなたの思い込み。こうした思い込みを口に出すことで、さらに貧乏思考を強めてしまっている。

「お金がない」と口にすると、人はない理由を探すようになる。

そしてその結果、「やっぱり、お金がないよね」とお金のない状態を再確認し、さらにお金が寄りつかない悪循環を自らつくってしまう。

また、「お金がない」「貧乏なのよ」と言っていると、それがそのまま自分のセルフイメージをつくっていき、そのセルフイメージ通りの行動をするようになってしまうので注意しよう。

Chapter…2

Money & Simple Mind

お金ほど思い通りに
動くものはない

Maxim

8

「ケーキ大好き！」「旅行大好き！」って言えるのに、「お金大好き！」って言えないのはなぜ？

「お金の話をするなんて下品」。多くの人はそう思っている。なぜ人生において、なくてはならない存在であるお金の話をすると、下品なような気がするのだろうか？　なぜ不快な気持ちになるのだろうか？　それは、お金に関して負の刷り込みがあるからにほかならない。しかし、誰かが大好きなケーキについて話したり、旅行が好きなどと言ったら、不快な気持ちになるだろうか？

心をゆるやかに考えてみてほしいのだが、**お金が好きということは、「ケーキが大好き！」「温泉が大好き！」「旅行が大好き！」と同じで、何も特別なことではない。**

誰もが持っている、当たり前の気持ちであり、いたって普通の感情なのだ。ケーキも旅行もそしてお金も、日常生活を彩ってくれる当たり前にある存在。そう考えれば、「好き」を表明することに、なんら躊躇を覚えないはずだ。

それでも、「お金が大好き！」という言葉に、なぜ極端に反応するかといえば、それはあなたの中にある、お金に対しての負のイメージが投影されているから。お金に対する違和感やモヤモヤは、相手に対してではなく、あなたの心の中にあるものによって引き起こされているから。これこそが、あなたとお金の良好な関係性を阻むブロックとなっている。

一方で、多くのお金持ちたちは普通にお金の話をしている。本来、お金の話をすることはいたって普通のことなのだ。

Maxim

9

「お金で幸せにはなれません」というセリフはお金持ちが言ってもいいセリフである

「お金で幸せにはなれない」「お金がすべてではない」「お金で幸せは買えません」。

私がお金の本を出してから、人々に言われたことがある言葉である。

２０１４年に刊行された、『なぜかお金を引き寄せる女性　39のルール』（小社刊）の本の帯。

「『お金が大好き！』と言った瞬間、お金に愛される」

という大胆なキャッチコピーに反応した読者から、上記のような消極的なコメントをもらったことも何度かあった。


しかし、「お金で幸せにはなれません」というこのセリフは、本当のお金持ちが言うから説得力があるのであって、お金がない人が言っても、それが本当かどうかはわからない。

たいていの場合、お金により、愛する人の笑顔が見ることができる。


お金があることによって、子供の資質を伸ばしてあげる存分な教育費を支払えるし、食べたい物を我慢する必要がなく、買いたい物を気にしないで買うこともできる。

病気になっても医療にも、または予防医学のための健康にもお金を使うことができる。

これらは小さいかもしれないが愛する人の笑顔につながる「幸せ」の部類である。

だから、「お金があっても幸せになれない」なんて、言う必要もないのだ。

言えば言うほど、お金が入ってくるのを妨げることになる。

しかも、そのような否定的な言葉を、お金持ちが言っているのは聞いたことがない。

もともと日本は「清貧」を美徳と思う風習がある。

「足るを知る」という孔子の教えや、「今あるもので満足しなさい」という聖書の教えなどがあり、どちらかと言うと「贅沢は敵だ」のように思っている人々もいる。

敵というよりも、そういうことで、「無駄遣いをしない」、と自らを戒めているのだろう。

本当のところ多くの人々は、もっともっと豊かになりたいと思っているのに、そうならなかったときのために最初からあきらめてしまっているようにも見える。

「足るを知る」のような一見、清貧を匂わせる言葉すら解釈が一人歩きしているのだ。

実は、「足るを知る」の言葉には続きがあって、「足ることを知る者は富めり。強《つと》めて行う者は志有り」。足るを知る者は「富めり」なのだ。

つまり、今得ているものや環境に満足して、感謝の気持ちが高じると、豊かな気持ちになっていく、ということ。

勝手に加えさせてもらうとすれば、その精神的な心の豊かさによって後に文字通りの豊かさも引き寄せられるのだ。

ゆえに本当の意味で富んでいく。

そして、続きの分では、「強《つと》めて行う者は志あり」とある。これも解釈はさまざまだが、やはり、つとめて行うということで行動が必要となる。

お金は自分だけを満足させるものではない。

「自分が暮らしていけるだけのお金があれば幸せ」という言葉は、私の親もよく言っていたが、何度も聞かされていた私はそれが刷り込まれていった。

しかし、豊かになるのにブロックをかけていたのは、そうした大人たちの、まさにそれが美徳に聞こえる言葉たちのせいでもあった。

言葉を換えて言えば、自分の暮らしの分だけのお金でいい、というのは、誰かのためにお金を使おうとか、自分さえ満たされていればいい、というようにも聞こえる。

でも、実際、東日本大震災のときには、他県の人々のみならず、世界の貧しい国からでさえお金という支援を受けたのだ。

東日本大震災への義援金は2011年3月14日〜2014年3月31日までの3年間で、日本赤十字社、中央共同募金会、日本放送協会および、NHK厚生文化事業団体4団体からのものを合わせると、3743億円だそうだ（内閣府の防災情報サイトより）。

海外義援金は100以上の国々が援助してくれて、その額は1000億円を超えたそうだ。そのお金は被災地の人々の福祉や教育・医療・その他生活支援に使われた。

私は被災地に住んでいる者として、周りの人々から寄せられたお金がありがたかったし、そして、もっともっとお金が必要だとも思った。

お金は、人々を助けることもできるものでもあるし、幸せに寄与することにもなるもの

だ。

「お金で幸せにはなれません」という言葉は、ある意味、真実。
しかし、お金は誰かの喜びと笑顔のために一役買ってくれるものでもあるのだ。

Maxim
10

世界一愛している人の笑顔を思い出してみて
お金はその人の笑顔の数を増やしてくれる
サンタクロースなんだ

お金へのブロックについて先ほどから申し上げてきたが、「お金が欲しい」と思うのは、いたって普通のことだ。

「お金なんてなくても慎ましく暮らせればそれでいい」というほうが、利己的に聞こえるくらいだ。

つまりそれは、「他に廻す必要はありません。自分だけ満たされればそれでいい」ということだからだ。

ユダヤ人の教えの中で、「金は道具である。道具に支配されるものなどいない。だから、道具はできるだけ多く持っていたほうがよい」という言葉がある。

道具であるお金がたくさんあると、やりたいと思っていることも躊躇なくできる。行きたい、と思った場所にも行ける。

自分の可能性も伸ばしてあげることができる。そしてさらに重要なのは、実際にお金がたくさんあれば、まずは身近な人を満たしてあげたくなるということ。

仕事柄、私はこれまで多くの人々に、「自分にとって十分過ぎるだけの、望むだけのお金が入ったら、何をしたいか?」という質問を投げかけてきた。

そこに意外な答えは何も出てこない。

自分の欲しい物や、やりたいことをすべてやり遂げてもまだお金があったときには、

「自分以外の他人のためにお金を使う」と１００％の人が答えた。まずは、夫や子供といった家族を満たしたい。親や兄弟にお金をあげたい。友人たちを連れて海外旅行に行きたい。

そして、それらさえも満たせたら、次に、発展途上国の子供たちや、震災で親を亡くした子供たちへ、などといったなんらかの社会貢献に多くの人が目を向けたのだ。

実際、私が付き合っている富裕層の人々のほとんどがそうした社会貢献のための寄付をしている。

本書を読んでいる人の中には、もしかしたら誰にもあげずに貯金する、と答える人が少数ながらいるかもしれない。しかし、墓場にお金は持っていけないという観点から見れば、生きているうちに、喜びがあるやり方でお金を使いたいと思うはずだ。

そう。お金とはそういうものなのだ。

あなた自身とあなたの愛する人の笑顔を増やしてくれて、何度も何度も訪れてくれるサンタクロースのようなものでもある。

日本人は多くのお金を望まないことを美徳としているが、しかし、自分のところにお金が多くあれば誰でも自然と他に廻したくなるものだ。

そして、もし、将来本当にそうなりたいのであれば、今から、自分をも満たすためにお金を使うことに躊躇しないことだ。

そのうえで、たくさんお金があったら他の人のために使うであろうお金を、今からすぐに小額でいいから寄付してみることだ。

そうすれば、あなたの心は満たされていく。

そして、あなたの周りは笑顔が増えていく。あなたに向けられた笑顔は、もっともっとあなたを笑顔にしてくれて、あなたはさらにお金で他の人を満たす行動を続けるようになる。

同時に、あなたと関わる人もまた、あなたの温かな気持ちが伝染し、同じようなことを他の人にするであろう。これこそお金を循環させるシステムづくりしていることになる。

まずは、あなたがその発信者となり、周りの人々の笑顔を増やすためにやってみよう。見返りを求めることなく。誰かの笑顔のためにお金が使われたことを喜ぼう。天に向かって感謝しよう。

Maxim

11

自己否定している人は
お金にも否定される

「あなたは、お金をたくさん受け取る器があると思いますか？」

こんな質問をされたらどう答えるだろうか？　そもそも、「お金を受け取る器」とは何のことだろうか？


これはあなたが人としての器があるかないかではなく、お金を誰にどれだけ廻しているかということでもない。

ズバリ言えば、**「あなたは自分が価値ある人だと思っているだろうか？」**ということだ。

もし、自分の存在価値を認めているのであれば、お金を受け取る器が備えられている人であり、もし、価値がない人間だ、と思っているなら、残念ながらお金を受け取る器がないことになる。


なぜなら、お金というものは、**「私には価値がある」と思っている人に流れ込むようになっているからだ。**

非常に単純なことだが、お金はあなたが価値を送り出したものに準じて入ってくるようになっている。

その前提として、もし、自分は価値がなくてダメな人間だ、といつも思っていたら、そういう波動を発していて、周りの人もそれを察知するようになる。それを察知した人は、あなたに価値の対価、つまりお金を支払わないものだ。


たとえば、自分の会社で扱っている商品があるとしよう。

そして、営業するときは、「こんな物、誰が買うんだよ」と思っていながら、顧客に商品をすすめる。

結果は売れないのだ。

反対に、心底自分がその商品を愛していて、多くの人々にも「本当に役立つ素晴らしい商品だ！」と心から思っていると、その説明にその気持ちが乗り、相手に伝わり、結果として、そのセールスマンの商品はよく売れる。

私も営業の経験が長かったからよくわかるが、同僚でも自分が扱う商品に文句を言っている人は売れなかった。

それと同じである。


自分は価値がない人間だ、ダメダメだ、と自分を否定している人は、他人からもお金からも否定されることになる。

だから、お金を得たいと思う前に、健全なメンタルが必要となってくるのだ。

まず第一歩は、自分には価値があると思うこと、自尊心を持つことだ。自尊心とは自分を尊ぶ心なので、それがないと、自分にお金を使うことに罪悪感を抱いてしまうことになる。

たとえば、「1杯1000円の珈琲を飲むなんてもったいない」と思うことは、「自分は、1杯1000円の珈琲を飲むに値しない人間だ」と言っていることになるのだ。

「月に1回、身体のマッサージに行くなんて贅沢だ」と思うなら、「自分は月に1回、マッサージのお金をかけるに値しない人間だ」と言っていることと同じである。

自分を価値ある人、尊ぶ気持ちがある人は、自分にお金をかけることに罪悪感を抱かない。むしろ、自分はそれらを受けるに値する人間である、と思っていれば、自分にもお金をかけることができるのだ。

自分が価値ある人間だと思えるために、型から入る方法としておすすめなのは、まずは食べたい物を食べるようにすることからはじめるということ。

数百円程度の違いで迷うなら、多少高くても、欲しい物、食べたい物を常に選ぶ癖をつけること。

妥協で手に入れる、というのは自分の価値を下げる行為だ。

そして、自分は価値がある、と思えるようにするためのもう一つのおすすめは、自分を愛すること。

自分を愛するとは何を意味するか？

それは、「自分が好きなことをする」ということだ。

好きなことをしているときは、エネルギー値が上がり、なんとも活き活きする。そして、その気持ちをいつも持っていると、自分が好きになる。

また別の方法としては、人間関係にも気をつけることだ。「その人といるときの自分は好きかどうか」がバロメーターだ。

いつも、あなたをおとしめるような言い方をする相手であれば、すぐに離れたほうがいい。その人との居心地の悪さは、不快感に変わり、いずれ、自分を責めたり、自己否定することにつながる。

自分にとって心地いい人間関係、つまり対等であり、あなたに敬意を払ってくれるような人と付き合うことも、自分の価値を高めるのに必要なことになる。

自分の価値を認め、自分を愛し、自分をしっかり受け入れられることが、お金の流れにも影響するのだから。

Maxim

12

あなたの持つ「お金持ち」に対するイメージは、
そのままあなたのお金に対するイメージと
同じである

ファーストクラスで行く海外旅行。ゴージャスなスイートルームでの宿泊。都内タワーマンションでのラグジュアリーな生活。

高級車に優雅に乗り、ブランド物のバッグに高級腕時計やらジュエリーと、ハイブランドのファッションに身を包む。お金を気にせず、食べたい物を食べて、高いお酒を飲みまくり、高級ホストクラブや高級クラブで、美しいホステスやかっこいいホスト達へのプレゼント……。

これを読んであなたはどう思っただろう？　憧れを通り越して、なんとも思わない人もいれば、うらやましいと思う人、逆に、そういう生活をしている人たちに不快な感情がわきあがる人、もしくは「お金のない人たちに廻せ」「自腹で寄付でもしろ」などと思う人もいるかもしれない。

お金持ちに対するイメージは、そのまま、お金に対するイメージである。

何を感じるかであなたの深層心理に潜んでいるお金に関するイメージがわかるのだ。

しかし、視点を変えてこんなことを考えてみてほしい。国が成り立っているのは、そういった高額所得者のおかげでもあるということだ。

国に納める税金。その税率というのは、ご存知の通り低所得者と高所得者は同じではない。かなりの差がある。

たとえば、年収３００万円の人の税率は10％なのに対して、１８００万円以上の人は40％の税金を支払っている。稼げば稼ぐほどお金は国に入っていく。年収５０００万円の人にいたっては45％、約半分は税金として国に納めていることになる（※参考　国税庁https://www.nta.go.jp/taxanswer/shotoku/2260.htm）。

お金を多く稼いでいる人は、税金が多く取られるから、といって働きを抑えようとも思っていない。自分で一生懸命働いたお金を湯水のように使おうが、贅沢しようが自分の楽しみごとのために使おうが勝手な話。それで活力を得て、また仕事をたくさんして国に税金を納めるのだ。

随分前に、とある裕福な人のブログを読んだことがあった。そのブロガーは起業家のお金持ちの女性だったが、ハイブランドのバッグを持って、派手な服を着て、海外旅行に行って、といった具合にその華やかな生活振りがブログを通してうかがえた。

そこに「そういうお金の使い方をして下品」だとか「ブランド物や海外旅行ばかり行って品のないお金の使い方をしている」というコメントが入っていた。

それを読んだとき、なんとも品のないコメントだな、と思った。

彼女たちは、お金にまつわることで、ねたみやネガティブ、人を非難するという負の感情を乗せてしまっている。

まさにそれは、お金に対して負の感情を持っているのである。

言い換えれば、頭ではお金が好きでお金が欲しいと思っているのに、実際の潜在意識ではそうしたお金を自由に喜びのために使うことを拒否しているパターンでもある。

一方で、そのお金持ちの女性は、収入の約半分を、税金でお国に納めている。納めた税金の細かい使い道こそはわからないが、多くの場合、道路の整備や国の機関の運営や障がい者やシングルマザーへの補助金、その他諸々そうした人々のために使われているのだ。

むしろ、高額所得者を見ると「社会貢献ありがとう！」と言いたくなる。

お金持ちに対してのイメージが悪いと、望んでいるお金に対するパイプは太くならない。

逆に、お金持ちに対するイメージがプラスになっていくと「自分も豊かになっていいんだ」と自分に対して許可ができる。また、お金に対しての幸せを乗せたイメージができるようになると、不思議とお金が入ってきたり、自分が目指すステージの人々とつながったりと、おもしろいことが起こってくるのだ。

Maxim

13

お金ほど、思い通りに動くものなし！

お金はあなたが欲しいと思った分だけ入ってくる存在だ。そしてお金ほど、素直な動きをするものはないとも言える。お金はエネルギーなので、自分から発するエネルギーがお金に影響を与えているだけだ。

あなたがどんな価値観でお金と付き合っているのか、またどのような扱いをしているのかが、そのままお金の動きに反映される。

ブログなどの読者からも「お金が欲しいと願っていたら、望んでいたのとピッタリ同じ額が入ってきた」という報告をよく受ける。それは欲しい金額が入ってくる、と私が言った言葉を、素直に信じた人に起きたこと。奇跡でもなんでもない。お金はそのように、その人が発するエネルギーと同じ動きをするのだ。

お金は、入ってくると思っていれば入ってくる。なくなる！ と思えば、なくなるのだ。とてもシンプル！ さらにお金たちは、循環したがっている。お金を世の中に廻さずにひたすら貯め込んでいると、この循環を止めることになる。

お金を貯める背後にある理由は、「お金がないと困る→だから、お金がなくなる」のだ。同様に、誰かのためにお金を使うことをしないこと、これも、「お金がなくなるから」→「だからお金がなくなる」、という図式。お金は思い込み通りの動きをする。自分の思い込みを振り返るだけで、すぐにお金の流れは変わっていくことだろう。

Maxim 14

#「ありがたや〜」は〝天の窓〟を開く鍵

〝天の窓〟とは何だろうか？　これは聖書に出てくる言葉で、その中で神がイスラエル国民を祝福するとき、「天の窓を開く」、という表現をしている。

一方で「ありがたい」と思う気持ちは、自分にないものに目を留めているのではなく、常に自分の中に「ある」小さな幸せに目を留めていることになる。

「ありがたい、ありがたい」と思えば思うほど、自分は非常に豊かでさまざまな物を持ち合わせている、というように本気で思えてきて、欠乏感などまったくなくなる。

では、「いつも自分には『ある』」と思えた瞬間、何が起こるだろう？

意識は「ある」に目を留めているので、「ある」という現実がやってくる。

さらに、いつも感謝の気持ちに満ちあふれ、小さな幸せを数え上げる習慣があると、あなた自身からは幸せの良い周波数が発せられ、その幸せと同じ周波数の現実があなたの元にやってくるのだ。

たいていの場合、この「ありがたい」と思う気持ちは、対極にあるあまりよくない自分の経験がセットになっているものだ。

たとえば、今でこそ私はデパートで服を購入するが、以前は、安物ばかり着ていた。安物の服のボタンはとれやすく、すぐ毛玉になったことなどを思い出すと、今はなんとありがたいことだろう！　と感謝の気持ちがわきあがってくる。

ちょっと贅沢な物を食べているときも同じだ。ファミレスで外食するときでさえ贅沢だったときのことを思い出したり。

また、今は暖かい場所で座って仕事ができていることに、このうえない幸せを感じるのも、それ以前に極寒のガソリンスタンドで働いた経験をしたからだなのだ。

それらを思い出すと、今がどれほどありがたい環境なのかが身に沁みる。

もっと日常的なことでさえ、この「ありがたい」と思えることは多く転がっている。

3食食べられることだって世界的に見たらありがたいこと。

文句を言いたくなる上司がいる会社だとしても、お金がもらえる仕事があることは感謝の対象だ。そこを拾うか拾わないかの違いだけ。

日常の小さなことでも「ありがたい」と思えるようになると、満たされ感で、不安と執着がなくなる。

そしてより重要なこととして、「欠乏感」がなくなってくるのだ。

欠乏感は欠乏という現実を引き寄せる。だから、この感覚がない人は、望んだだけもっともっと豊かになっていく予備軍なのだ。

ただ、この「ありがたい」と思う気持ちは、「思え」と言われても心から思えるものでもない。

感謝の気持ちは誰かに言われてできるものではない。いつのまにか自分の心の奥底からあふれるもの、わきあがってくるものだから。

そう思えるには、どうしたらいいのだろう?

先ほど述べたことにそのヒントがある。そう、対極の経験だ。

たとえば、指一本怪我しただけで、生活に小さな支障が出たりする。その指に心臓でもついているのではないか？　というくらい、夜になるとズキズキ痛くなるし、指一本使えないだけで、パソコンのキーボードがなんとも打ちづらいなど。病気で入院などしてしまった場合、痛みがない生活がありがたくてありがたくて、もうそれだけで感謝だ……とさえ思えてくる。

ついつい私たちは日常の「ありがたい」ことを「当たり前」に思ってしまいがちになる。だからこそ、身に起きる嫌な出来事でさえ、自らを戒めてくれる貴重な出来事だと言える。何か大切なことを忘れそうになったとき、神様は私たちにそうした不都合なでき事が起きるのを許されるわけだが、それは私たちがその幸せの対極を経験することによって、ありがたい気持ちになるための、料理でいえば薬味のようなものが身に起きるのだ。

うまくいかなかったり、つらかったときをときどき思い出して、それを乗り越えて、今の平安な生活を思い出すと、ありがたい気持ちでいっぱいになる。

ありがたくないようなでき事もときどき起こるわけだが、それは私たちがそのありがたいでき事を忘れぬようにとの警告であることも認識していたい。

「ありがたい」という満たされた気持ちにより、天の窓は開かれて、きっと神様からあふれんばかりの祝福を受けるのだろう。

Chapter…3

Money & Beauty & Elegance

美しさと品性が必要な理由

Maxim

15

お金は清く正しく美しい
だからこそお金は品よく美しく使うこと

お金は、「出せば入る」。出したほうが廻ってくるというのが「お金の法則」である。

なぜなら、お金はただ循環しているものだから。

お金を稼ごうと思ったら、お金を使ったほうが早く稼げるシステムをつくれるし、投資すればその分お金は戻ってくる。

出ていったら入る。入ったらまた出す。このように循環しているだけの話だ。

そして、その出すお金には、あなたの意志が乗り、心が乗り、波動が乗る。

だから、出ていくお金に対して、負の感情を乗せてしまったときには、その感情に類する事柄がまた循環して戻ってくることになってしまう。


その意味でも、お金は品よく美しく使うことを心がけたほうがいいのだ。


では、品よく美しくとは、自分のために使ってはいけないということか？　と言ったらそうではない。

先にも書いたように、お金持ちの中には、住まいもハイレベル、ファッションも持ち物も高級品を持つ人が多い。

これは別に品のないことではない。そうした持ち物は自らの気分を上げてくれるものであるから。それらに価値を感じている部分にお金をかけるのは当然のことだからだ。

しかし、我が身を飾り立てるためのお金は惜しみなく使うけれども、他の人のためには財布の紐を固くしている人がいる。なかなかお金を出さないわけだ。

寄付もそうだが、ブランド物で身を固めてはいても、お祝い事、プレゼント、感謝の贈り物、親や祖父母へのお小遣い、そうしたことは一切しない人もいる。

お金の使い方は人それぞれではあるが、もし、お金に心があったとしたら、どう思うだろうか？

その使われ方はお金自身にとってうれしいものではないだろう。お金だってたった一人の人の喜びの顔を見るよりは、大勢の人の喜びの顔を見ることができるほうが、ずっと気分がよいはずだから。

仏陀の言葉で「おびただしい富あり、黄金あり、食物ある人が一人おいしいものを食べるなら、これは破滅への門である」というものがある。

実際、どう破滅するかはいざ知らず、しかしながら、自分だけ楽しいということは、本当に楽しいわけではない。

美味しさも、楽しさも、満たされ感も、他の人と共有したり分かち合ったりしたときこそ、本当に幸せに感じるのだから。

そして、もう一つ。お金を出すときに、感情が乗ることを考えると、特に、他の人の喜びのときに送り出すお金、つまり、お祝い金とかプレゼントを買うときに送り出すお金については、美しく送り出したいものだ。

お祝い事のとき、万札が数枚いっきに飛んでいく感覚を持っている人は多いと思う。そのときの気持ちは、「あ〜あ……」だ。

ため息混じりに、重い気持ちと残念感をたっぷりお金に乗せて送り出す。

しかし、自分の想念は物質に確実に乗るのだ。

お金はエネルギーであり、感情はそのエネルギーを変えてしまう。

せっかくのお祝い事や他の人の喜びの場面に、そんなネガティブたっぷりな感情を乗せたお金を送り出さないでほしい。

お祝いや他の人のプレゼントのためのお金には、その人の幸せや喜ぶ顔を想像して、自分がその人にお金を送り出せることを喜び、その人の幸せを願う気持ちを乗せよう。

もし、そのとき、手紙やカードを書く機会があれば、そのときは口角を上げてその人の幸せを願いながら、一文字、一文字丁寧に書いてみよう。そうすると、ため息なんて吹き飛ぶから。

Maxim

16

今着ている服が、未来のあなたを決めている

今から10年ほど前。私が主婦をやっていたときの話である。

「このままでいけば自分の未来なんてどうなるか決まっているよな」とふと思った。

今の自分の延長線上に変わらぬ自分がいて、相変わらず、経済状態が大変で、金銭的にもカツカツ状態であることは容易に想像できた。


そしてそのとき、自分の未来を変えるために、「なりたい自分」をイメージングして、まずは脳内でそれを塗り替えようと思ったのだ。

最初に今の自分をイメージしたときには、リビングにあるダイニングテーブルに向かって、ボサボサの髪型でメイクもせず、よれたトレーナーとデニムを着て、ダラダラとブログを書いている自分が見えた。

次に、「なりたい自分」をイメージしたときに、高層階のマンションでノートパソコンを軽やかに叩く自分が見えた。

着ている服が、ファッション誌に載るような、ワンランク上のオシャレな格好をしている自分のイメージがわいてきた。


このとき、自分がなりたい姿が何であるかがわかった。

そして、まずは「今」服装を変える必要性に気づいたのだ。

人にはそれぞれ「なりたい自分」というイメージがあるかもしれない。

しかし、そういうイメージを持っていたとしても、今を何も変えない、変わらない生活や服装をしている。

そのままでいけば、10年後も同じなのだ。

もし、なりたい自分が明確であるならば、今から、そのような服装する。

それが未来のなりたい自分になるための、道筋をつくることになるのだから。

なりたい自分に今すぐなろう！　型から入るのだ！


起業する女性が増えているが、女社長になりたければ、女社長は何を着て、どんな立ち居振る舞いをしているか考えて、今からそうするのである。

マインドを変えるよりも簡単なのは、ファッションから変えること。服装を変えればマインドは簡単に変わるのだ。

心理学用語で「ピグマリオン効果」というのがある。


これは、**人は期待された通りの行動をするようになる**ということ。

たとえば、あなたが女社長らしい格好をしていたとする。スーツをビシッ！　と素敵に着こなし、ハイヒールを履き、いつもジュエリーを付けていて、ファッションに関しては手を抜かない。

すると周りの人々はそんなあなたを「経営者ですか？」とか「セレブですね」と判断するだろう。

そして、あなたは周りの人々の期待通りの人になろうとするのだ。

なりたい自分のイメージのファッションをする、というのはセルフイメージを上げるのに有効な方法である。先日、友人と友にハイブランドのお店を数軒訪れた。そのとき、店員は次から次へと、まだお店に出していない珍しい商品を奥から出してきて、私たちにたくさん試着させてくれた。

一瞬「なぜ？」と思ったが、すぐ理由はわかった。

私たちの服装である。いつもなら私は普段着のままでも、そういうお店には気軽に入るのだが、そのときは違っていて、いい服を着ていた。そうするとまるで扱いが違う。

素敵な服を着ているときは丁寧な扱いを受け、普段着では声もかけられなかったりするのだ。

素敵な服はセルフイメージも上がり、丁寧な扱いを受け、そして行動も変わり、未来も変わっていくことだろう。

ファッションは、年収にまで影響を及ぼす、という興味深い調査結果も実際に出ている。ファッションを意識する人と、意識しない人とでは生涯年収にかなり差があるとのこと。米国の労働経済学者が７０００人を対象に行った調査では、その人が周りに与える「好感度」が重要であることがわかった。

見た目を整えることで、平均以上の評価を受けている人は、平均以下の人と比べて、生涯年収が３０００万円も多いという結果。

少しは自分の装いに関して、気をつけたほうがいいことがよくわかる（プレジデント 2015.6.15号　参考）。

この調査結果をあなたはどう捉えるだろうか？

「そんなのウソだ！」と思って変えないでいることも選択できるし、「じゃあ、今日から意識を変えて、ワンランク上の服装を身につけよう！」と実行することもできる。

結果を変えたいなら、今までと違うことをする。そうすれば違う結果を手にできるのだ。

あなたには、数年に1回くらいしか着用しない特別な服があるかと思う。

タンスの奥に、素晴らしいジュエリーが眠っているかもしれない。

それらを気軽に日常生活に登場させてみよう。

別に新しく買う必要などない。

もったいなくて使っていないものがあれば、日常使いにして、日々の生活からセルフイメージを高めていこう。

ファッションは、あなたの内面が最初に出る部分でもあり、自分自身の無言の名刺のようなものなのだ。

なりたい未来の服を今から着てみよう！　何かが変わる第一歩なのだから。

Maxim

17

財布に入れるお金と人に渡すお金は新札で

なぜ、財布に入れるお金と、人に渡すお金は新札がいいのか？（人に渡すお金とは、知り合い以外に渡すお金も入る）。

一番の理由は、渡すほうもいただいたほうも気持ちがいいから。誰かの手に渡っていない新札は軽やかで美しい。

一流ホテルでは、お客様に渡すおつりは新札にしている。

ドアマンでさえ、お客様に両替を頼まれたとき、渡すお金は新札にしているところもあるくらいだ。

なぜそうしているかというと、ドアマンに両替を頼む客というのは、たいていの場合、タクシーに乗るとき、1万円札しか持ち合わせていないから。そのため運転手におつりのことで煩わせないために、彼らを気遣ってのことだ。

だから、1万円札しか持っていない場合は、ドアマンに両替を頼むわけだが、高級ホテルに宿泊する一流の人はそういう気遣いをすることをホテル側は理解しているのだ。

そして、一流の人はお金にこだわりがあるので、他の人に渡すお金は新札にしているケースが非常に多い。

新札なんて偶然手元に舞い込んでくる程度だと思っている人も多いと思うが、そうではない。

お金持ちはわざわざ、銀行や郵便局の窓口で新札受け取りの希望を伝えている。わざわざだ。それほどお金にこだわりを持っているのだ。

他の人に渡すお金のために、ＡＴＭではなくて、時間のかかる窓口でそうしているのだ。こういう気遣いが一流の人のすることだと感心したことがあった。

毎月新札に換えにいくことはないにしても、家には新札を常にストックしておくことをおすすめしたい。

ご祝儀やその他のお祝い事や、月謝、何かの支払いが生じたときのために。お札を折らなくても入れられる綺麗な封筒も一緒に。

「いくら他人に渡すお金は新札といっても、不祝儀に新札を渡すのはマナー違反」と言う人もいるだろう。

昔は、不祝儀には古札、ということが定番だった。災難や人の死はたいてい予期せぬものだから。

あらかじめ手配しておいた、ということを思わせないための、遺族への気遣いが習慣化したものだ。

しかし、最近は通夜も告別式も前もって知らされているのがほとんどなので、あまり気にしない時代になってきた。

それでも日本の昔からの習わしゆえに、不祝儀で新札を渡すのは気持ちが悪いという人は、新札に一回軽く折り目を入れてから香典袋などに入れるといい。

そういうこともまた、気遣いのあらわれである。

時代が変わったからといって、亡くなった親族の気持ちを1ミリでも逆なでる可能性があるならば、それを避けることも、相手を思いやるマナーの一つである。

では、お金持ちは新札以外使わないのだろうか？……といえばそうではない。

現実問題として、それは無理な話。

しかし、気遣いは怠らない。

たとえば知り合いに渡す際、新札を持ち合わせていないときは、「新札を持ち合わせていなくてごめんなさい」とか、「古いお札しかなくてすみません」と、一言告げて渡しているのだ。

お金を使うことへの姿勢が一味違っている。

また、財布に入れるお金が新札のほうがいいのはなぜだろうか？

Ｃｈａｐｔｅｒ１でも申し上げたが、私は自分の年齢分のお金を財布に入れるようにしてから、お金への負の感情がなくなり金運が上がった。同時におつりでもらう以外のお札はすべて新札にした。

古いお札だと財布が厚くなってしまうのが最初の動機だが、これも金運を上げる一つの要因だと思う。

よく「お金には意志がある」という人がいる。厳密にいうと、**お金には人の意志が乗る、**と私は思っている。

物理量子学の世界の話になるが、すべての物理は分解すると「素粒子」になる。人間も机もパソコンもそう。そしてその「素粒子」は人の想念（意志や感情など）に影響を受けると言われている。

もし、自分の財布の中にあるお札が新札ではなかったとすると、そのお金たちは、いろんな人々の元から舞い込んできたお札。

そこには、いい感情を乗せて送り出した人ばかりではなく、憎悪、悲しみ、苦しみ、執着などの想念がお札に乗っている場合がある。

だからこそ、自分の財布に入れるお札は新札のほうがいいのだ。

新札は気持ちがいい。その気持ちよさが原動となり気持ちのいい事象を引き寄せてくれるのだから。

Maxim
18

汚れた財布と、ブタ財布に、お金は寄り付かない

以前、Ｆａｃｅｂｏｏｋに7年間使った財布と、新調した財布の写真をアップしたことがある。

するとＦＢでつながっている人は２０００人ほどなのに、なんと１６００以上の「いいね！」がついた。

その理由は、7年も使った財布なのに、それが新品のようにキレイだったからだ。コメントを見ると、「古い財布のほうが、新調したものかと思いました」「こんなに大切に使っているなんて、驚きです」といった声がたくさん寄せられた。

確かに7年間使ったのだが、傷一つなくキレイな状態である。


よく、「お財布の賞味期限は3年」などと言われる。

ある人は「1年おきに買い替えるべし」と言うし、「赤い財布はダメ」「バッグに入れっぱなしはよくない」「長財布でないと金運がダウンする」「吉方位に置いておくと、金運がアップする」など、さまざまな「金運アップのための財布術」が世に溢れている。

結論から言うと、どれも真実であり、どれも真実ではない。

基本的には、「思い込んだものが現実を招く」だけ。あなた自身が心から信じて実践していることならば、すべて金運を上げてくれる方法であると言える。実践することで**自分**

が心地よく感じるならば、そのことこそが金運を上げる開運法なのだ。

たとえば、「赤い二つ折りの財布が大好き。この財布を見るだけ、持っているだけで、気分がいいんです。テンションが上がるんです！」というならば、それこそがあなたの金運を上げてくれる財布なのだ。

実際に私の知り合いで、プラダの赤い財布を愛用している女性がいる。ロックな彼女は、そのかっこいい財布をとても気に入っており、傍目から見てもお似合いなのだ。

一般的に金運をダウンすると言われる「赤い財布」を使っているにもかかわらず、彼女はとても羽振りがよく、仕事も大成功している。よく言われている金運アップ財布があなたにとって心地がいいならば、それはその力を発揮するだろう。自分なりのルールをつくって、それを信じてマイルールを守ればいいのだ。

ただし「赤い財布が好きだから使っているけれど、どうやら金運には悪いらしい。やっぱり、ダメなのかなあ」と思いながら使っている場合は、どんなに好きでも、金運を下げてしまうことになる。

たとえば、風水やさまざまな教えを凝縮した「金運を上げてくれる財布」を買ったとしても、「金運が上がるから使ってみようか。でも、ダッサいな……。ブランドの財布のほうがテンション上がるんだけどな。でも、せっかく買ったんだし」といった状態で使っていれば、いくら「金運アップの財布」であってもそれは金運をダウンする財布になってしまう。

言い換えれば、財布そのものが発する周波数と、自分が財布に発する周波数が合っていないのだ。こうした不協和音を奏でる財布には、金運が乗ってこない。

赤い財布でも、二つ折りでも、大好きだから使う。お金以外の無駄な物を入れずに、大事に長く使う。それこそが、あなたの金運を上げてくれる財布だと言える。

ただし、どんなにテンションが上がる素敵な財布でも、中身がレシートやカード類で窮屈に膨らんでいるお財布には、お金たちは寄ってこない。

そこで、まずはレシートを整理しよう。毎日財布から取り出して整理することで、自分の収支を把握することができるうえに、財布も美しい状態に保てる。

また千円札、五千円札、一万円札が順不同にバラバラに入っているのもよくない。次頁でお話しする、汚部屋にお金が寄り付かないのと同様に、管理されていない財布に富は寄ってこない。

財布の中身を整理したり、外側の汚れを取ったり綺麗に拭いたりすること。それは、お金に対する敬意につながっていくことでもある。

Maxim
19

汚部屋にお金は寄り付かない

「散らかって汚れた部屋が、金運をダウンさせる」ということは、多くの人に知られるようになった。これは風水的にも、よく言われていることだ。

整理整頓がされていないと、無駄な動きが多くなって日々の生産効率が下がる。どこに何があるか把握できない部屋だと、物を探しつづける必要があるからだ。

探し物をしている時間そのものが、人生の無駄遣いになってしまう。

そもそも、片付けられていない部屋にいるだけでも、気が休まらないだけでなく疲れる。それに加え、掃除となると、とてもエネルギーを消耗することになる。そこでますます整理整頓や掃除をしなくなるという悪循環に陥っていく。

そして、こうした汚い部屋に身を置くと、無駄遣いも多くなる。

冷蔵庫が整理されていないため、同じ食材をダブって買ってしまって結局捨てる、読もうと思っていた本を放置していたのを忘れていたため、同じ本をまた買ってしまった、というようなことが日常的に起こるのだ。

また、古い物を一掃しなければ、新しい物が入ってこなくなる、というデメリットもある。

物質はエネルギーを発しているので、古い物や壊れた物、愛着のない物が家の中に溢れてくると、家の中にはなんとなくどんよりとした、疲れたエネルギーが漂ってしまうのだ。新築の家や新しいアパートが清々しく気持ちがいいのは、物理的にこうした古い物がないからである。

使っていない古い物を処分すると、いいエネルギーが流れるようになる。そのためにも、いつも整理整頓していいエネルギーが流れるよう、スペースを空けておくと、新しい物も入ってきやすくなるのでおすすめしたい。

さらに「家の管理能力」は、「お金の管理能力」とも直結している。

大手日用品メーカーの調べによると、トイレをキレイにしている人々とそうでないトイレの人々を比べると、ピカピカトイレ派の年収が90万円ほど多かった、という結果が出たという。

というわけで、掃除や片付けはお金を呼び込むためにも必要不可欠な行為と言える。私がコーチングを行う際にも、最初の一か月で片付けをし、その後は美しい状態をキープしてキレイを習慣化していくように導いていく。

その理由とは、ズバリ、行動力が格段にアップし、目標達成のスピードが上がるからだ。

さらには片付いた空間で生活をしている人は、思考の整理もきちんできるからだ。部屋はその人の頭の中や心の中を表している、と言われることがあるが、まさにその通りだ。**まずは、目から入ってくる情報をシンプルにすること。すると思考の整理もできていく。**

私自身、実は管理能力が低いほうである。物が多いと、なかなか管理が行き届かなくなる。そのため、物を少なくシンプルに、ということをモットーにしているのだ。すると管理がラクになり、いつも美しい空間に身を置くことができるようになる。

このような空間マネジメント能力が身についてくると、お金のマネジメントも同様にできるようになっていく。すると、自ずと豊かになっていくのだ。

Maxim

20

ラグジュアリーな空間に身を置いてみる
場数を踏めば、いずれそこは
自分のスタンダードになるから

豊かになる一番の近道は他人に与えること。それに加えて、心地いいことをして、自分の心を豊かにすることが大切だ。

おすすめなのが、ちょっとした贅沢をすること。最初は分不相応だと思っても、何回かするうちにそれは「自分の当たり前の場所」になっていく。

たとえば、ちょっとグレードの高いホテルでの食事。初めこそ「うわ〜、なんて贅沢」と思うのだが、何度か行くうちに「そこで食事をすること」が、スタンダードになってくる。

すると脳も体も潜在意識も、そこが自分の、当たり前の場所であると理解し、そこにいるのがふさわしい自分になれるように、具体的に動きはじめるのだ。

少し「贅沢だな」と思えるようなところに、意識して出入りし、身を置くこと。その行動自体が、お金が回ってくる環境づくりの第一歩になる。

こうした空間は、実は感性を磨くのにも格好の場所だ。お店のインテリアやセンスのよい食器、絵画、ウェイターのホスピタリティ、お茶の出し方、テーブルコーディネートや盛り付けなど、多くのことを学ぶことができる。立ち居振る舞いもその場にふさわしいものとなり、あなたの格を上げてくれる学びの場となってくれるはずだ。

Maxim 21

自分が社長だったら、今の自分、雇いますか？

「お金を頂戴している」ことに感謝をしないと、どんなことが起こるか。たいてい、お金に嫌われる。

私は以前、お金に対して不実な振る舞いをしていた。

雇い主に対して不平不満を言ったり、少ないお給料に文句を言ったり……。さらには時間給でお金をもらっていたのに、時にはサボっていたのだ。

これではまさに、時間ドロボーである。

そんな状態だったため、豊かになることは決してなかった。もちろん、金運などあったものではない。

いつもお金がカツカツ状態でここから抜け出す方法はないかと考えていたあるとき、「金運をアップさせたいならば、これらと逆のことをすればいい」とふと思った。

そしてお金をいただいていることに心から感謝をすることにしたのだ。会社員であれば、雇い主に感謝すること。

そうすることで、仕事をこれまで以上にきっちりとするようになる。私もその日から、求められていること以上をやり遂げようと、一生懸命働くようになった。

しかもそうすることによって、働くことが苦しみではなく楽しみになっていった。どんなにつまらない仕事であっても、いかに効率や生産性を上げていくか、ゲーム感覚で臨めるようになったのだ。

それらを徹底的にしていくと、いつの間にかお金が増えてくるようになった。

この体験以来、「何をやっているときに金銭的に苦しくて、何をやっていたときにお金が豊かになっていたか」ということを意識しながら、常に前向きに仕事に取り組んだ。

私は現在、経営者となっている。自由にのびのびと楽しみながら仕事ができているが、「お金が流れてくるところに感謝の念を忘れたらどうなるか」ということは、いつも肝に銘じている。

有頂天になったり、傲慢になったりしないよう、常に自分の心を見張っているのである。

もしあなたが雇われているならば、求められている以上の価値を与えることにフォーカスしてほしい。

そうして一生懸命仕事に取り組んでいれば、必ずお金も増えていく。

逆に言われた仕事さえしない、遅刻するなど時間ドロボーをする、サボる、会社の備品を盗む、経費を使いまくる、さらには言い訳ばかりしている、といったことを繰り返すと、金運は下がるどころかどんどん落ちていくだろう。

あなたは社長だったら、自分を雇いたいと思うだろうか？

そう考えたときに「ぜひ、雇いたい！」と思えるような仕事の取り組み方を今からするといい。

日々、感謝の気持ちを忘れずに、しっかりと心を込めて仕事をする。

それができたとき、あなたは自分が提供している価値の対価を手にすることができるだろう。

また同時に、お金のステージも変わっていくことを体感するだろう。

Chapter...4

Money & Wealth

豊かな循環に

乗れる人、乗れない人

Maxim 22

給料に頭打ちなし！

「給料に頭打ちはない」と言うと、必ず反論が入る。

「私は会社員なので、決まった給料です」とか「ＯＬは何をやっても、やらなくても給料は上がりません」等々。しかし、ハッキリ言えば、決まった給料であったとしても、お金の法則は不変で、「与えれば与えられる」。これに尽きる。

私のクライアントは、ＯＬだったが給料が上がると信じて、会社のために一生懸命自ら会社に価値を与えつづけた。

そのうち給料が2倍になり、そして3倍になり、役員にまで昇格したので、社内での時間的自由も得た。別の女性は経理担当だったが、彼女がする会社へのアドバイスが適切であるために、社長から大きな責任を任せられて、給料は会社の中でトップになった。

二人の共通点は、会社の収益を上げるために自らを与えつづけたことだ。

つまり、収入を増やす方法は、他の人の収入を増やすことを考え、そのために応援することなのだ。

これが自分の収入を上げる早い方法である。多くの人の視点は、収入を増やすために、自分の収入にフォーカスしてどうやって稼ぐかを考えるわけだが、根本が違う。

5年前くらいから、私の最大の関心事は、収入を上げたいと思っているクライアントの収入はどうやったら上がるのか？　ということだった。

そして、私の読者が、どうしたらもっと心もお金も豊かになれるだろうか？　ということを、余計なお世話であるがずっと考えてきた。

私ができることで至った結論は、お金のブロックを外す「教育」をすることだった。そこで、他人の収入を上げることに集中してきたのだ。

すると今度は他人が私を助けてくれるようになり、私の収入はどんどん上がっていった。与えつづければ与えられるのだ。

他人をも富ますことを考えると、脳も潜在意識も自分と他人を区別しないので、結局自分をも富ますことに力を注いでいることになる。

私利私欲のみだったり、自分の富だけに関心がある人は、ある程度豊かになったとしても、幸せまでは得られない。物質や富も地位も名誉も、幸せと関係がなく、ブランド物も海外旅行もスポーツカーも一時的な楽しみでしかないからだ。本当の豊かさとは、自らも豊かでありながら、身近な人も豊かになり、その豊かさを共有できることにある。

他人を富ますことに興味がある人の収入には、頭打ちがない、と言える。

具体的に言えば、あなたが主婦なら、夫の稼ぎがよくなるように、環境を整えてあげたり、セルフイメージを上げるために、よい言葉をかけて、そのよい資質を伸ばしてあげることもできるだろう。

また、子供が将来自分の才能を伸ばし、その分野で活躍できるように励ましたり、行動できるように助けてあげることもできるだろう。

もし、友達がビジネスをやっていたら、応援してあげることもできるだろうし、サロンをやっていたら、行ってみるとか、ＳＮＳで紹介してあげるなどといった、応援をしてあげることもできる。

身近な周りの人の豊かさや富ますことについても手助けしたときに、あなたの豊かさは、もっともっと大きくなっていくことだろう。

お金は本当にシンプルな動きをするものであり、そしてただのＥｘｃｈａｎｇｅ（交換）である。

ただ、そこに人の想念というエネルギーが乗る。だから、お金を使うときや送り出すとき、お金に関係している仕事をするときなどは、いかに気分よくいるかが重要だ。

そして、気分よく誰かの収入が上げるために、自らを費やしている人には、廻りに廻って今度はその人が富むことになるのだ。

Maxim

23

お金の動きは実におもしろい
あるところにはもっと集まり
ないところからは、あるものまでなくなっていく表に出ない本物の超富裕層の人々は、もうそのコミュニティーだけでお金が得られるような仕組みになっている。

営業せずとも、その世界の人脈だけでお金が廻っていたりする。

一方、富裕層や、富裕層予備軍の人々の中には、カリスマ性で人々に価値を与えて、大勢の人々に認知され、そこからまたお金が得られている。

何度か申し上げてきたが、お金がなくなることに対して恐れと不安を持っていると、その現実を引き寄せてしまい、いらぬ所にお金を使うはめになってしまう。

そうすると深層心理に「何かあったときのための貯金」と「お金は入ってこない」との強い思いをインプットしてしまい、ますますそうなってしまう。貧乏サイクルに突入だ。

聖書の中に、イエス・キリストが話した興味深い物語がある。

ある主人が旅に出る前に、自分のしもべたちにそれぞれの能力に応じたお金を託していった。あるしもべには5タラント、もう一人には3タラント、もう一人のしもべには1タラント託した。

ざっくりではあるが、1タラントは6000デナリという価値。当時の日給が1デナリと言われていることから計算すると、日本円で少なく見積もって1日1万円の報酬だとしたら、６０００デナリは６０００万円。

それぞれのしもべに、３億円、１億８０００万円、６０００万円を託したことになる。

さて、旅から主人が帰ってきた。

最初のしもべは、主人がいなくなってすぐに、５タラントを使って商売して、主人が帰ってきたときにはさらに５タラントを儲けたことを報告した。

二番目の者も同じに２タラントもうけたことを主人に報告して、二人とも主人にたいそう褒められ、たくさんの物をさずけられる祝福に預かった。

ところが三番目のしもべは、主人にこう報告した。

「あなたは厳しい方であることを知っています。私は怖くなって１タラントを地の中に隠しておきました。この１タラントはあなたのものです」といい、託された１タラントを主人にそのまま返したのだ。

主人はしもべに、「私が厳しいと知っているなら、お前はそのお金を銀行に預けておくべきだった。そうすれば、利息がついたのに！」と、彼のタラントを取り上げて10タラント持っている者に渡すよう伝えた。

そこで聖書の中でこうまとめられている。「だれでも持っている者は、与えられて豊かになり、持たない者は、持っている物までも取り上げられるのです」。

解釈や適用は宗教的なものもあるが、これは現在でもいろんな分野において真実だろう。**お金の法則は単純で、出すから入るのだ。**「入れ入れ」とばかり願うことや、出ていく恐れから「貯める」に意識を向けているなら流れが悪くなる。川がせき止められたら、水がよどんでいくのと同じく、お金の流れは止まってしまうのだ。

「お金はいかに使わないか?」や「貯められるか?」ではなくて、いかに目の前を多く通っていくかがポイント。

最初は、お金が流れるパイプは細くても、人のため、または自己投資のために流す量を多くしていけば、お金の流れるパイプは、徐々に徐々に太くなっていき、目の前を多く通り過ぎていき、廻りに廻って多くが入ってくる。

その通り過ぎるときに、少しずつ、自分の懐にお金が残っていく。

気づいたら、「あら! 貯めた覚えがないのにこんなに貯まってたの?」となる。

これは、流れていくお金に恐れを持たず、快く流していく者に起こる当たり前過ぎるでき事なのだ。

Maxim

24

お金が話せるとしたら
お金はあなたに何をアドバイスするだろうか？

コーチング理論の中に、「答えは自分の中にある」というものがある。お金に関してのブロックや、なぜ自分はお金の不安がいつもつきまとっているのか？　なぜ豊かになっていないのか？　など、実は全部自分が知っているのだが、見ようとしない、または探ろうとしない、というところに問題がある。

お金と向き合って、お金の知識を得て、そしてお金の法則を知ろうと勉強した人は、お金に対する思いも変わり、豊かな気持ちになっている人が多い。

そして、あなたが本書を読んでいる時点で、すでにそれを手にしていることになる。心を柔軟にし、お金に対してのマイナスな思い込みを排除し、そのあとでこの格言の質問の答えを出してみてほしい。

お金が話せるとしたら、あなたがお金に関して抱えている問題に明確な答えを与えてくれるだろう。しかも、オーダーメイドな、あなただけに贈られるアドバイスを受け取ることができる。

だから、あなたがお金に対して知りたいことをお金に質問してみよう。耳を澄ませてみれば、お金はあなたに最良のアドバイスをくれるはず。

しかも、その答えはあなた自身からのものなのである。

お金に関して迷ってみたら、ぜひこの方法を試してほしい。

Maxim
25

「お金が欲しい」と思ってもいいけど
「お金が欲しい」と思いつづけてはダメ

いくらあっても困らないもののナンバー1はきっとお金だろう。

自分が満たされれば、次にお金は、身近な人に使ってあげたくなる。

身近な人をも満たしてそれでもまだお金があれば、社会貢献に目が向き、それは世界にも目が向くようになるからだ。


だから先にも言ったが「お金が欲しい」と思うことは、別に悪いことでもなければ、腹黒いことでもなければ、利己的なことでもないのだ。

ただ、「お金が欲しい」という気持ち、ここには注意が必要だ。それを強く願うのは危険なことなのだ。


思ってもいいけど、思いつづけてはダメ。思ってもいいけど、強い願いはダメなのだ。

なぜなら、**潜在意識は強い欲求を拒絶するものであり、強い欲求は執着を生むからだ。**

執着の正体は、それが手に入らないかもしれないという、恐れと不安から成り立っている。

その恐れと不安は、恐れと不安の結果を引き寄せるという単純な法則がある。

だから、思ってもいいけど思いつづけてはダメなのだ。この微妙な違いこそがお金の入り方に差を生む。

そこをはき違えて本書を読んでしまうと、すべて無意味になってしまう。

そもそもお金持ちは「お金が欲しい」とは強くは思わない。

なぜなら、もうお金があるから。

お金がない人は「お金が欲しい、欲しい」と強く願ってしまう。そしてお金のことが頭から離れなくなってしまう人もいるのだ。

その「お金が欲しい、欲しい、欲しい」と思いつづけることこそが、自分には「お金がない」ということを刷り込んでいることになる。

たとえば、経営者であればお金のことを考えるのは当たり前のこと。

会社を存続させていかなければならないからだ。

しかし、顧客への関心よりも収益を上げることに目を留めていると、売り上げは上がらない。

そう、お金にばかり注目しつづけることは非常に危険なのだ。

顧客を満足させることに集中していると、顧客はリピーターとなり、さらには他の客を連れてきてくれる。

以前、ひどい営業の電話が来たことがあった。

何かの自己啓発教材の販売の電話だ。資料を取り寄せたあと、しつこい勧誘電話が来た。教材の価格は100万円以上もする高額商品。

当時そんなに高額な教材を買えなかった私は、やんわりと「自分には合わないと判断したので遠慮します」と言うと、売りたくて食いついてくる。会社からのノルマなのか？それとも売ればコミッションが入るからなのかはわからないが、とにかくこちらがイライラするほどしつこい。

「なぜですか？　どうしてですか？」と無意味な質問をシャワーのように浴びせる。

最後のほうは何度もハッキリ断っているのに挙げ句の果てに、「お金がなくて買えないんですよね？」との嫌がらせの捨て台詞。

顧客を向上させたいとか、顧客の成功を願いその商品のよいところを紹介するならまだしも、「売りたい」との前提でのセールストークゆえに、なんとも不快なものだった。

誰もが豊かになりたい、お金持ちになりたい、経済的自由が欲しい、と願うかもしれないが、もし、本当にそう思うなら、そこをいったん、忘れてみることをおすすめする。

この種の本を読むときやお金について考えるときも、「お金を得るために」という前提のもとでやっていると、なかなか成果が出ない。

やればやるほど、「私にはお金がないのです」のインプットとなる。そうなると、お金は入ってこない。

意識を向けているところが現実になるからだ。

だからお金のことを忘れて、心からの温かい気持ちで寄付をする。心からお金を送り出し、使ったら罪悪感ではなく、受け取ったサービスを心から喜ぶ。

これらのことを心を込めてやっていると、最初にお金を使うことに罪悪感がなくなってくる。

そして不安がなくなり、喜びとなり、その喜びの周波数が喜びの事象を引き寄せるようになる。

お金を手っ取り早く手に入れるために、または欲しいという執着のもとに何かをする、というのをやめてみること。

それだけで劇的に変わるのだ。

お金を得たいと思うなら、一度お金のことを忘れてみること。

与えることへの喜びに集中してお金を使っていると、徐々にお金の入り方が変わってくるのだから。

Maxim

26

お金は使わなかったらただの紙切れか
印字された数字に過ぎない

お金の本当の「価値」とは、どのように使ったか？　何に使ったか？　何を得たか？で決まるものである。

しかし、日本の経済状態や将来の年金のシステムに恐れと不安を持ち過ぎるために、入ってきたお金を使わずに、貯金にばかり意識を向ける人々が多いのもまた事実。

ある調査では、20代の貯蓄率が年々上がっているという結果が出ているそうだ。理由は「使う動機に乏しい」ということと「将来に対する不安」とのこと。

別の調査でも、働く女性の貯蓄目的は多くの場合、「老後の不安があるから」と、「不測の事態が起きたとき」のためだ。

今やもう、夢や希望、目標とか叶えたいことがあるからという理由で貯めているわけではないのがうかがえる。

さて、あなたはなぜ貯金するのだろうか？

もしかして同じ理由だろうか？

この本の中でも再三、「お金に関して負の感情を乗せない」と申し上げてきたが、この貯蓄に関しても、多くの人は同じく恐れと不安という感情を乗せている。

つまりそこに意識を向けていると、せっかく貯金をしたとしても結局、本当にその恐れていたことで、貯めていたお金を使うことになる、という経験をするはめになるということだ。

実は私も20代の頃、働きの中から、本当に少しずつではあるが「何かあったときのための貯金」として、貯めつづけてきた。

というのも、母にそういう貯金をしておくようにと何度も何度も刷り込まれてきたからだ。

そして、自分自身の意識も「何かあったときのため」にあるものだから、それが見事に、しかも何度も現実化した。

30歳になったときに病気になり、貯めたお金はほとんど医療費と数回に渡る引っ越し代に消えていった。

やっと貯めたお金がそういう形で何度も消えたとき、一体何のために貯めているのだろう？　とがっかりした記憶が何度もある。

それ以降、貯めることに意識を向けるのをやめた。もし貯めるとしても、その目的は「自分のワクワク」のため。海外旅行に行くため。ライブや好きなことを学ぶために貯めた。不安と恐れに満ちて貯めるのと、大違いだ。


それから、私のお金の使い方は大きく変わった。

まず自己投資するようになった。

投資とは、つぎ込んだものがいつか自分にリターンされる仕組みのことをいうが、なぜ自己投資するとお金は戻ってくるのか？


ご存じの方も多いかもしれないが、世界的に見てお金持ちが多い民族、ノーベル賞が一番多く出ている民族はユダヤ人だ。

古代のユダヤ人はさまざまな背景が絡み合って迫害されていたため、貯めていた資産も強盗に遭えば、一夜にしてゼロになってしまう環境にあった。

また、ユダヤ人は国を持たず移動していた民族なので、常に身の危険と背中合わせだった。

聖書の中には神の民、ユダヤ人に対してのアドバイスとして「地上に宝を積むのをやめなさい」というものがある。

そのあとは「天に宝を積みなさい」となるのだが、こうした言葉が、ユダヤ人の背景にあったのだろう。（地上の宝とは当時は金銀財宝を貯めること、天への宝とは徳を積むこと）

ゆえに、ユダヤ人が一番お金をかけるのは、**自分への教育なのだ。**

価値あるお金の使い方とは、そうした自己投資に加えて、自らの喜びのために使うこと。なぜなら、自分にお金をかけられるというのは、自分を大切にしている証拠でもあるからだ。

今、若い人たちの中には、自分に自信がない、という人が多い。

自信がない人は、なかなか自分にお金をかけることができない傾向がある。

しかし本来、もっと自分を喜ばせることにもお金は使っていいのだ。

自らの働きによって、自らをねぎらう行為をなぜ躊躇する必要があるのだろうか？

もっと自分を喜ばせ、もっと自分をいたわり、癒し、次の働きのエネルギー充電のためにお金を使おう。

お金は使ってからこそ、価値がある。あの世にお金は持っていけないのだから。

Maxim

27

今得ているお金は、あなたの働きを数値化したもの

あなたが今得ているお金は、あなたの働きを数値化したものである。

そう聞くと、「毎日一生懸命頑張っているのに、安月給に甘んじている。絶対に今もらっているお給料は、私の働きに見合っていない！」などと不満に思う人もいるようだ。

しかし、そのような視点でこの言葉をとらえてしまうのは、とてももったいないこと。

そう思った途端、何も変わらないまま未来が決定してしまう。

もし、今得ているお金が自分の働きを数値化したものならば、前向きに、どこか改善点はないか？　もっと会社のためにできることはあるだろうか？　と自己分析をしたほうが、はるかに建設的である。

Ｍａｘｉｍ22に出てきた女性たちのように、決まった給料の人でも、お金がさらにもらえるようになることは多々あるものだ。

けれども「いや、会社の給料は決まっているから、そんなことはない」と心から思っていれば、もちろん「ない」になる。

これまでも説明してきた通り、お金はあなたのマインドを、そのまま反映した動きをするのだから。

往々にして、お金廻りのいい人、お金持ちマインドを持っている人はポジティブである。どの世界に生きるかは、自分が決めていると言っても過言ではない。

お金が入ってくることを喜び、感謝すること。お金を喜んで快く出してあげること。貢献する気持ちで人に与えること。そういうことの積み重ねで、本当にお金は入ってくるようになる。

この法則が体感できると、お金への不安が一掃される。そしてお金に関して、「これは奇跡か？」と思うような体験が、たくさんあなたに訪れるようになる。

お金が入ってくる体質になれるのか、それともいつまでもお金に対して不満と不安を抱きつづけていくのか。それも、自分次第なのだ。

そして、お金の単純明快な法則の一つは、何度もしつこいくらい申し上げているが「与えたものが、返ってくる」。ただそれだけなのだ。

つまり、あなたが与えた働きが、お金というわかりやすいものに姿を変えて戻ってきただけのこと。

きつい言い方かもしれないが、少ない給料だと文句を言いたくなる気持ちはわからないでもないが、自分が与えたものは、数字に表すとそれくらいということ。

もしそれが不当な金額であるなら、その不当なことをしている者が、天に問われることになるだろう。

そして、いずれ、そのお金の循環システムは壊れるのだ。

そんなことをあれこれ考えるよりも、気持ちよく、心から与えることを意識して働いたほうが自分のためになる。

何ごとも単純に、素直でポジティブな見方ができるようになると、脳内のシナプスもポジティブにどんどんつながっていく。それに応じてあなたが得られる収入も、どんどんアップしていくことだろう。

Maxim

28

他人の機嫌を取るよりも、自分の機嫌を最優先にする

「今日、上司が機嫌悪くってさ〜、失敗しないようにすごい気ぃつかっちゃったわよ」

「日曜日になると休まらないの。うちの夫すぐに機嫌が悪くなるから、機嫌とるの疲れちゃうわよ」「子供がすぐにぐずるの。機嫌とるのについわがままを聞いてあげちゃうのよ」


多くの人々は、日常生活の中で人の機嫌に振り回されているかもしれない。人の顔色をうかがって、何を言ったらいいか？　何を言ったらダメなのか？　そんなことばかり考えてビクビクと過ごしている人も多い。

人に嫌われたくない、という意識が、行動基準の軸を他人に置き、自分の感情を無視してしまっている。

以前の私もまったく同じだったので、気持ちはよくわかる。いつも他人を自分の中心に存在させていると、自分の感覚や感情、欲望などがよくわからなくなる。

心がバカになる感覚だ。そうなると、妥協の人生、惰性の人生になってしまい、意欲的に「こうしたい」とか「ああしたい」の気持ちもなくなっていく。

本来なら素直に、自分の言いたいことも、したいことも、したくないこともわかるはずなのに、他人の機嫌ばかりをとっているうちに、もうわからなくなるのだ。

私はあるときから、人の機嫌をとるのを一切やめた。他人の機嫌をとる人生に飽きたのだ。それをやめてから「なんと清々しいのだろう！」と世界が変わって見えた。

今思えば、そこからお金の廻り方も、人間関係も生き方もすっかり変わってしまったのだ。

自分の機嫌をとっているうちに、どこかの組織にいることが嫌になり、自分的に一番心地いい環境をつくっていった。それが引きもりに近いライフスタイル。こうして家から出ないで執筆できる幸せったらなんと言葉に表していいかわからない。

こうしたことは、周りの人々から見たら一見利己的に見えるかもしれないが、私は、自分の機嫌をとって生きていくことは、他の人のためにさえなっていると考える。

自分が機嫌がいいと、身体にも表情にもそれらがあらわれてくる。そして、それは波動として相手にも伝染していくからだ。

幸せな人と一緒にいると、なんだかわからないけど、癒された感覚になるのはそのせいだ。

あなたが機嫌よくいることで、家族の幸せにもつながり、周りの幸せにもつながるのだ。

よく「母親はひまわりのようだ」とか「太陽のようだ」という言い方をされるが、それは本当にそうだと思う。ひまわりは笑っていないのに笑っているように見えるし、太陽を向いて（つまり上を見て）前向きに見える。

小さなことなど笑い飛ばしたくなる、そんな母親の存在は、家族にとっては元気の源なのだ。

だから、どうか自分の機嫌を最優先でとってほしい。

他の人の機嫌をとるよりもまずは自分。それは決して利己的なことではないのだ。むしろ他の人の平和に帰することになる。

そうすれば、働きやすいだろうし、笑顔も絶えないだろうし、機嫌がいいわけだから当然、ストレスを抱えている人よりも健康的である。

そういう人にお金は寄ってくる。元気に働けるからだ。

あなたの機嫌のよさは、誰かにも伝染するだけでなく、人の幸せをねたむような笑顔が嫌いな、嫌な人々があなたに寄りつかなくなる術でもあるのだ。そうなると本当に心地のいい人生を手に入れることになる。それこそが、豊かさとお金を引き寄せるベースとなるのである。

Maxim

29

大丈夫！
必要なお金は
いつでも宇宙銀行にあるから

人に豊かさを与えるよう心がけていると、「宇宙銀行」にお金を貯金している状態になっていく。そして豊かさを周囲に還元していくと、その豊かさはブーメランのように、あなたのもとに返ってくることになるのだ。

人々に慈愛の気持ちを持ち、なんらかの形でお金を世の中に還元する。すると、「宇宙銀行」にお金がどんどん貯まっていく。「宇宙銀行」に口座があると、不思議なことに、現実に手持ちのお金がなくても大丈夫！

あなたの与えた愛や親切や労力、お金などは、すべて天に積み立てられている。だから今手元にお金がなくても、まったく不安に思う必要はない。あなたが与えたものは、今度はあなたが必要だと願ったときに、ちゃんとその銀行から引き落とされることになっているのだから。

その経験をしている人は実に多い。信じている者だけに生ずる結果なのだ。

Ｍａｘｉｍ13でも述べたように、「行きたいと思っていた旅行分のお金が、入ってきました！」「講座を受けたいと思っていたら、ピッタリのお金を親がくれました」「欲しかった家具がタダでもらえました」という体験談は周囲でもたくさん聞く。彼らが「必要だから入ってくる」と心から信じたことが、引き落とし口座にサインしたことになっていて時間差で舞い込んできた。こういったことも信じた者に生ずる当たり前の出来事なのだ。

Maxim
30

何もかもうまくいかないときは
何かを手放すサインである

お金は循環しているということについて説明してきたが、実は、お金に限らず我々人間の人生の中でのサイクルのようなものがあって、うまくいくときと、うまくいかないときは、常に循環している。それはまるで春夏秋冬のようなもの。ずっと心地よい春でもないし、ずっと収穫の秋でもないのだ。過酷な夏の暑さもあり、極寒を耐える冬もある。

人生も同じ。それはすべての人に起こることであって、そのうまくいかないときに、どう過ごすか？　どう扱うか？　によって、そこに長くいるか、またはうまく通り過ぎるかが決まってくる。

うまくいかないときは、色んなことに伝染してしまい、すべてがうまくいかなくなったりする。たとえば健康を害すると、思考までネガティブになったり、その影響で運気や金運が下がったり、人間関係までおかしくなったりすることがある。そう、まるで踏んだり蹴ったりの状態になることが時として起きるのだ。

実は、そのときこそ、人としての成長の時期であり、無駄な物を淘汰する絶好のチャンス!!　その状態に直面したときには、必ず何かを手放す時期に来ているのだ。秋になり収穫の時期が来たときに、人はそれを喜ぶ。そのあと、葉を落とし、寒い冬に突入するのが自然の流れだが、人間はその収穫するのは好きなのに、葉を落としたくない、寒くて過酷な冬に入りたくない、ともがいてしまう。

そのもがいているときが、何かを手放すサインなのだ。その手放したほうがいいものは、案外、「これだけは手放せない！」と強く思っているもの、つまり執着しているものなのだ。執着があると、なかなかうまく廻らなくなっていく。だから早めに手放すものが何であるかに気づき、早く循環させたほうが早く新しいステージにいける。

以前、こんなクライアントがいた。夫の浮気に悩んでいて、しかし、小さな子供もいるし、自分が経済的に自立していないために、我慢を強いられていた。何年も何年も過酷な冬のような状況で過ごしていた。

しかし、彼女は、結婚生活を続けることや、夫に執着していた。夫は浮気をやめないので、自分の心はどんどん疲弊していき、何のために結婚したのかもわからなくなってきた。

そんなとき、私のブログに出会い、コーチングを受けて、夫と結婚生活を手放すことにした。経済的に自立するために、子供を預けられるところを探し、仕事もすることにした。結果、夫からはかなりの額の慰謝料ももらえて、彼女の新しい人生がスタートしたのだ。

結婚生活を送っていたとき、彼女はまさに、何もかもうまくいかない状態だった。生きている意味がわからず、喜びさえも失っていたのだが、絶対にこれだけは手放せない、と思っていたものを手放した途端、何かがスコーンと抜けた。

そしてみなぎる力が沸いてきて、腹をくくることもでき、本来の自分の力を発揮できたと感じたようだ。

今は、また素敵な人と出会い結婚生活を送っている。彼女の言葉を借りれば、「もっと早く手放していればよかった」だ。絶対にこれだけは手放せないと思っていたものを手放した途端、自分の望む生活と理想の人を手に入れることになったのだ。

このように、何もかもうまくいかないときは、何かを手放すサインでもあり、**人生の学びを得られる貴重な時期でもある。**

もちろん、いつでもうまくいってほしいし、いつでも喜びにあふれて生活したい。しかし、**陰陽一体で我々は常に、いいときも悪いときも廻りに廻って訪れるのだ。**

そして、早く悪いときを通り過ぎるコツが、この「何かを手放すこと」。もし、うまくいかない時期に直面したときには、「一体私は、この状況において、何を手放したらいいのだろう？ 何に執着しているのだろう？」と自問してみることをおすすめする。

何かがわかるかもしれない。

Chapter…5

Money & Life on one rank

ワンランク上の自分、
ワンランク上の人生

Maxim

31

上っ面を飾ることよりも、
廃れることのない経験と知識を得ることに
お金は使うべし
それが将来、お金を生む金の卵となる

「自己投資」「浪費」という言葉がある。この二つは似ているようで非なるもの。どこから自己投資でどこからが浪費なのか？　ライン引きが難しいと言う人がいる。

簡単にいうと先にも述べたが、自己投資とは「いつかお金を生む可能性があることにお金を使うこと」を意味し、それに対し浪費とは「金銭、時間、精力などをムダに使うこと」を意味する。そして加えるならば、自己投資は自分の成長に帰する経験をするためにお金を使うことを意味する。

本を買って読むことは自己投資だし、学びのためにセミナーに行ったりするのも自己投資。

ただ、女性の場合は、どこからが自己投資でどこまでが浪費なのか、ちょっと悩むところかもしれない。

たとえば高級な場所に行くと、背筋が伸び立ち居振る舞いまで気を遣うようにまでなる。それはまるで、自分の格が上がるような感覚にしてくれるところだ。

そのようなところに身を置くことは意味のあること。ゆえに、それは自己投資となる。

さらに、女性の自己投資とされるものの中に、外見美を整えるもの、洋服、立ち居振る舞いなどがある。

しかし、経験や中身を養うことよりも多く、それらにお金をかけても、結局は誰もが美しさは少しずつ失われていく。

40代、50代になったときに、感性や知性といった部分がなければ、女性であれば美しさは半減する。

だから、外見を整えるための自己投資と中身を養う自己投資の両方のバランスはとても大事なこと。

私が特におすすめしたい自己投資は、最も簡単で最も日常的にできること。それは、読書だ。

とある調査で年収2000万円以上の約8割が勉強の習慣がある、と言われている。その勉強の中には当然、読書が入っている。

成功者は本を読んでいるというが、私の身の回りで一般的に成功者と言われている人のほとんどがかなりの量の読書をしている。

本は、自分の学びになり、著者と実際に会わなくても、著者の信念や価値観、成功法を家で学べる最も安価な勉強法である。

もし、お金がなければ図書館で借りてもいいし、中古でもいい。おすすめしたいのは、書店で本を買うことだ。100円の中古で買った本と、書店で1400円を出して買った本とでは、読み方の意欲と吸収力がまったく違うからだ。

よく言われているのが、自己投資のために出した金額と学びの姿勢は比例しているということ。同じ内容のセミナーでも３０００円と10万円で学ぶのとでは、まったく行動力が違うのだ。

自動車メーカー、フォード社の創設者であるヘンリー・フォードは自己投資をすすめていたが、彼は40歳になるまで１ドルも貯めたことがなかったそうだ。

特に若いうちは、お金を貯めることよりも、「経験を積む」、つまり目に見えない、知識を得ることや知恵を得ることにお金を使うことをおすすめしたい。

成長の伸びしろがとてもある若い時期に、将来のためにとコツコツお金を貯めてばかりで、自己投資のお金をケチっていたらもったいない。

心豊かな40代、50代を迎えるためには、収入の何割かは自己投資のために取り分けておきたいものだ。

貯めないことに不安を抱く人もいるかもしれないが、お金は貯めるべきものではなくて、気づいたら貯まっているようなものなのだから。

Maxim

32

プチプラばかり着ていると
プチプラな人になっちゃうぞ！

今から5年ほど前、ベストセラーになった近藤麻理恵さんの『人生がときめく片付けの魔法』（サンマーク出版）が、今、世界中で旋風を巻き起こしている。

簡単にいうと、片付けのとき、ときめくか、ときめかないかの基準で、捨てるか残すかを決めるということ。なんとも斬新でありながら、自分のお気に入りだけで囲まれるシンプル生活の構築の方法だ。

ということは、**買うときの基準もときめくか？　ときめかないか？　なのだ。**

多くの人にとっての買い物の基準は、案外、妥協で買っていることも多い。

そして、本当に欲しいという感情を無視して、「こっちのほうが安いから」「たくさん入っていてお得」などの理由のように、必要のない物まで買い、安物買いの銭失いになる人も多い。

この部分を根本的に変えない限り、人生そのものも変わらない。

そう。感情を無視した物の選び方をしている人がとても多いのだ。それは何かをチョイスするときも同じだ。感情に聞いてみると、結構わかりやすい。

それは買うか買わないだけではなくて、何か新しいことを、やるか？　やらないか？の判断だったり、誘われたことに関して、行くのか？　行かないのか？　というのも感情に聞くとわかりやすい。

物を購入するときの基準に関して思うことがある。

たとえば、人間関係の場合は「類友の法則」であり、自分に似た者同士が集まり、心地よい関係を培っていく。

各々の発する周波数が似ているため、共鳴し合い、それはとてもお互い居心地のいい関係になっていくのだ。

実は、**物質も「類友の法則」が適用される。**つまり、自分の発する周波数と、物質が発する周波数が似ている場合、心地よい感情がわき上がる。

もし、プチプラな物ばかりにワクワクしていたら、あなたはそのプチプラの物が発する周波数と同じなのである。

ちなみに、今、あなたの身の回りの持ち物を観察してみてほしい。それらの物はたいていの場合、「自分らしい」と感じるか？　それとも「違和感」を抱くかなのだ。もし、量産された安物ばかりでワクワクしていたとしたら、言い方はきついがそれが今のあなたと同じ周波数ということ。プチプラがお似合いになってしまう。

ぜひ、物を購入するときは、たとえ少しくらい予算オーバーだとしても、あなたが本当にワクワクするもの、心から欲しいと思える物だけおさえてみてほしい。購入する数は少なくなるが、妥協で買うくらいなら、それはないほうがましなのだ。

そして、おすすめは、自分の価値を下げないためにも、ワンランク上の物を選ぶようにすると、自分もまたそれらに共鳴して、その物に引き上げられて、ワンランク上の周波数を発するようになるのだ。

もちろん私だってプチプラの物もよく身につける。

Tシャツ1000円などもよくある。しかし、そんな場合でも、ファッションはハイ&ローの法則で高い物と安い物を上手に組み合わせるようにしている。

リアルジュエリーやハイブランドなバッグとハイヒールなどを組み合わせることで、全体的に安っぽく見えないようになるものだ。

プチプラが悪いわけではなくて、気に入るか、気に入らないか……の前に安いからという値段で決めてしまうことが、人生もプチプラにしてしまうので、気をつけよう。

それを持つことによって自分の気持ちが上がったり、それを身につけているだけで、心地いい感情、モチベーションが上がる感覚を大切にしていると、自分をも大切にできて、さらには、自分の人生も大切にできるようになるのだから。

Maxim

33

ブランド物をローンで買うのは、まだそのブランド物を持つ器じゃないということ

先にも述べた通り、自分に見合ったものを知り、ワンランク上の物を身に着けるようにする。

そう聞くと、借金をしてまで、そうした物を買ったほうがいいのだろうか、と思うかもしれない。

しかしそれは、大きな誤解。もし、カードのローンやリボ払い、または借金があるならば、一刻も早く返済したほうがいい。

誰かに借りているということは、もうその時点で、あなたに「私にはお金がない」ということを強力にインプットしていることになる。

そして、借りている者が、貸している者の奴隷状態なのだ。

そのため、借金してでも何かを買って、身に着けて、セルフイメージを上げようとするのはまったくの逆効果。

さらに無理して買っても物との周波数が合わないので、似合わないという悲しい結果になる。

富に恵まれた豊かな人は、お金を湯水のように使うことよりも、それを元に増やすこと、寛大に与えることを常に考えている。

そしてそのベースには、感謝の気持ちが必ず存在しているのだ。

実際、私のお金持ちの友人は、車の購入をする際に、「それと同等の金額を寄付することを考えている」と言っていた。

美輪明宏さんはこんなことをおっしゃっている。

「昔の人は『負の先払い』といって、棟上げ式（建物を新築する際に行われる祭祀）のときに、紅白のお餅をまいたり、近所の人にお酒を振る舞ったり、五十銭玉、五円玉をまいたりして、負の先払いをした。正と負のバランスなんですよ」

この**「負の先払い」は、私も知らず知らずにしていたことだった。**

かつては自分だけが満たされていることに、どこか良心の呵責を感じていたものだ。けれども別の世界の子どもたちを援助したり、寄付したりといったことに加え、身近な人々にもお金やプレゼントを渡すようになると、心境が変化した。

心置きなく、自分を満たしたり飾ったり、ワクワクするために使ったりすることができるようになったのだ。それがお金の循環のシステムをつくることでもあり、正と負のバランスをとるものなのかもしれない。

以前、とある有名な占い師が、両腕に10本ずつほどもダイヤのバングルやブレスレットを着けていた。

さらに指にも、大きな宝石の指輪を何本もはめていた。

センスの善し悪しは置いておき、多くの人はそれを見て「品がない」「貧しい国の人々に使ったらいいのに」などと不快感を抱くかもしれない。

しかしその方は、「私は自分の力で一生懸命働いて、自分で稼いだお金でたくさん税金を納めて、そして、自分のためにこうして買っているのです」と言っていた。そして、もしかしたら、陰徳（人に知らせずにひそかにする善行）で、皆にわからぬよう寄付しているかもしれない。私たちにはわからないのだ。

人によってどこにお金をかけるか、その価値観はさまざまだ。

それに対して、他人が「くだらない」とか「品がない」などといった判断はできない。その人が価値を感じるものは、その人にとっての真実なのである。

それをねたむ人たちのもとには、お金は寄ってこないのだ。

先にも言ったが、自分の働きで国に正当に税金を納め、自分の働きで自分を飾り、気分を上げ、そしてまた働きに精を出す。そうすることがいい循環をつくっていることになるのだから。

Maxim

34

恋人とお金の関係ってすごく似ている
追いかければ逃げていき
依存と執着すれば苦しくなり
信頼して愛していれば、相思相愛の関係になる

お金の関係と恋人の関係は、とても似ている。

好きな人ができると、その人を振り向かせたい！　付き合いたい！　などと思うものだ。しかし、そう念じているだけで何の行動も起こさなければ、その人といい関係になることはできないだろう。

好きな人を振り向かせたいとき、あなたはどんな行動をとるだろうか。その人の好みのタイプや好きな食べ物、趣味、性格、友だちや家族のことなど、彼のことをすべて知りたいと思うことだろう。そして、そのためになんらかの行動を起こすはずだ。

その人と実際に付き合うことができたなら、きっと相手をとても大切に扱うだろう。自分と一緒にいたいと思ってもらえるよう、彼が嫌がることをしないようにし、楽しい時間を共有するよう努力するだろう。そして、どんどん彼を愛していく。

では、お金に対して、あなたはどんな努力をしているだろうか。

お金のことを調べているだろうか？　お金がどう扱われることを望んでいるか、考えたことはあるだろうか？　お金と付き合っていくのに、どんなふうにしていけばお金が喜ぶのか考え、努力をしているだろうか？　「お金が、好き好き」と言いながらも、意外とお金についてはなにも学んでいないし、どうしたらいいのかわからないまま過ごしているかもしれない。

お金が本当に好きな人は、好きな人についてリサーチするように、お金が入る仕組みやキャッシュフローについてよく調べている。そしてお札そのものを、マジマジと観察している。レシートをゴチャゴチャ入れた窮屈な財布、古くて汚い財布にお金を入れることなく、お金たちが心地よいと思う財布に入れている。そして、お金たちが本当に喜ぶ使い方をしているのだ。

実は私がお金を好きになったきっかけも、お金について勉強したことだった。文字どおり相場を勉強し、FXを家でかなり真剣にやってみたこともある。お金を好きになってからは、彼らが喜ぶことをいろいろ考えて検証してきた。

その結果、諭吉さんは、実は寂しがり屋であることがわかったり、出ていかないように執着されるのが嫌だということもわかった。彼らが心地よく過ごせるように、彼らの寝室（財布）を毎日整えたり、彼らが寂しくないよう、友達をたくさん入れるようにもした。そうするようになってから、財布からなかなかお金が減らなくなったように感じている。

さらに諭吉さんを見ると、「あなたのことが、心から好き！」と話しかけたり、スリスりしたりと、好きな人と接するのと同じように扱っている。ちょっとあやしい人ではあるが……お金の価値を知ってリスペクトし、大切に扱う。

そう。彼に愛されて大切にされるための行動を、お金に対しても起こせばいいのだ。

また、**恋人には心地よい空間で、できるだけ快適に過ごしてもらいたいと願うもの。お金にも、それと同じことをしてあげよう。**

巷でよく聞く、「お金がお財布から出ていかないように、お札を逆さに入れるとよい」という定説。実は、かつて私も実践していた。しかしあるとき、自分のお財布から出ていかないようにするのは、お金の流れを止めることになることに気づいた。出ていっていいのだ。お金は自由を愛しているのだから。

それよりも、お金がふさわしいところにふさわしく流れていくような循環をつくることが大切。それこそが、多くの諭吉さんが自分の目の前を通り過ぎていることになるのだ。

「お金、お金」と彼らに執着するよりも、彼らに自由を与えて、旅に出ても、きっと自分の元に戻ってくると信じて、不安を持たずに送り出していると、居心地がいい自分の元に必ずお金たちは戻ってくるのだ。

Maxim

35

本当の天職とは、
向いていることよりも「楽しい」もの

専業主婦でも、自分でお金を生むことができる。そう聞くと、「そんなの、夢物語よ」と思う人も多いだろう。でも、これは真実なのだ。

私自身、２００８年に個人事業主として起業している。

その当時は、ブログメインで収入を得ていた。その後、会社を設立。ごく普通の主婦が、ブログからスタートして会社を立ち上げたのである。

今は主婦でもアイディアさえあれば稼げる時代。

あなたが持っている技術や知識が人に必要とされていたり、誰かが欲していたりすると、人々はそのためにお金を支払う。

たとえば、あなたがビーズアクセサリーをつくるのが上手だとする。けれども「自分なんかがつくったアクセサリーなんて、誰も欲しくないだろうな。ジュエリーというほどのものではないし……」と思ったとしても、なかには「本物のジュエリーより安くてかわいいし、ビーズアクセサリーのほうが好き」という人も存在するのである。

ニーズ（必要とされていること）とウォンツ（欲しいと思われていること）を提供すれば、その価値に対してお金が発生していく。

売り方などをプロデュースできれば大ヒットすることだって夢ではない。

「好きなことを仕事にするといい」「ワクワクすることをやりつづけよう」などということは、自己啓発本やセミナーでよく言われている。

そしてその発信者もまた、そうしたことを続けた結果、彼らにとっての「楽しいこと」がビジネスになっている。

かくいう私も、その中の一人。

最初のきっかけは、人に悩み相談を受けて答えることが多かったため、「これに体系化された知識やスキルが加わったら、どうなるだろう？」と思ってカウンセリングやコーチングの勉強をし、資格を取ったことであった。

好きなことをすると、どんないいことがあるのか？

たとえば、好きでもないけど得意なことをやりつづけてビジネスにした場合と、自分が楽しくてしょうがないことをビジネスにした場合を比べてみてほしい。

つらいことやしんどいことに直面したときに、どちらが乗り越えやすいかを考えれば一目瞭然だろう。

楽しいことや好きなことには、報酬が少なくても頑張れるし、つらい局面にあたっても続けられる。

しかし好きでもないことをやり、さらに報酬まで伴わなかった場合、やっている意味さえわからなくなるものだ。

以前、フリーランスで活動していたクライアントが「好きな仕事をしてはいるのだけど、なかなか見合う収入が得られない。自分には向いていないのかもしれないからやめたい」と悩んでいたことがあった。

そこで私は「もし、その仕事の月収が50万円だったら、同じように思う?」と聞いた。すると、「50万円あったら、そんなことを思うわけありません。楽しくってしょうがないと思います」と、急にイキイキとした表情になって答えてくれた。

そのため以後のセッションは、その方の月収を50万円に引き上げるための内容にシフトチェンジしたのだ。

将来的にその金額にするという目標ができたことで、現在の苦しい状況に希望が差し込み、前に進むことができたのだ。

あとは、方法論を考えて実行するのみである。

そもそも天職とは、「天から授かった職業」。自分が好きで、それをやることでイキイキと輝くことができる仕事だ。

そのサービスを受けた人もまた元気になる、という大きなメリットもある。

ただし、好きなだけで技術が伴わないといった場合はどうだろう。適職とは、それに適していて上手にできる、ということである。

上手くできることと、向いていることはイコールか、というとそれは少し違う。そこに自分のうれしい、楽しいという感情が伴っているかどうかが重要なのだ。

つまり、天職とは、適職を含めた「やりがいのある職業」。そんな仕事に出会えたら、やっているうちに「これが私の天職だわ！」と実感できるはずだ。

お金が欲しい人々全員が、自分の好きなことやしたいことをすることで世の中に価値を提供し、そこから対価としてお金を得られたら、こんなに素晴らしいことはない。

こうした天職を見つけるためには、どうしたらいいのか。まずは、自分が好きで好きでたまらないことをまず見つけてみよう。そしてそれを楽しみながら、ひたすら続けるのだ。

人とコミュニケーションをとるのが好きならば、そのスキルを磨いてみよう。すると人間関係のアドバイザーになれるかもしれない。何かのプランを立てるのが好きならば、プランナーになれるかもしれない。あなたが好きな趣味は、稼ぐことにつながっていく。

誰でも何かしら、金の卵を持っていると私は思っている。

「何が好きか、自分が何に向いているのかわからない」という人もいるだろう。そんなときは、片っ端から興味を持ったことに着手してみるといい。

まずは、サイトを調べたり資料を請求したり、体験レッスンやセミナーに参加したりと、たくさん情報を集め、自分がしたいことかどうか確かめてみよう。もちろん情報はお金がかからない方法だってある。

こうして行動しているうちに、「ピン！」とくる何かに出会えるはずだ。そしていつしか、あなたの「好き」が価値として他者に提供されたときに、お金を生むことになる。

自分の「好き」を、どうやってビジネスにつなげていくか。そう考えるだけで、きっとワクワクしてしまうはずだ。

ただし、一つ注意点がある。スキルを提供してお金をもらう際には、提供する側にもそれなりのスキルが必要になってくる。やっつけ仕事をしてその場限りの対価を得ても、そうした収入は続いていかない。

お金を生む実力を、まずは充実させることが重要だと言える。

Maxim 36

運は間違いなく伝染する！

運がいい人と一緒にいると、運がよくなる。

なぜならば運とは、波動のようなものだから。波動をキャッチすると、人はその影響を受けていく。「なんかいい感じ」「なんか嫌な感じ」という感情も、実はこうした波動の影響である。

つまり運気の高い人は、人の運をも上昇させるパワーを持っている。さらに彼らは、運の悪い人を感知するアンテナも備えていて、運を下げる人から無意識に離れていく。生まれつきの本能の人もいれば、あとから学んだり、経験によりそうなった人もいる。

もともとこうした本能がなくても、意識して「運気の高い人」に近づくことはできるだろう。「家を買った」「昇進した」「妊娠した」など幸せそうな人、またはいつも笑っている人やお金回りのいい人、やたらと願いがかなう人が、いわゆる「運のいい人」。

こうした方々からは、その運をあやかることができるのだ。

その人が運のいい人かどうかを見分けるチェックポイントは次のとおり。

その人といると、自分の気持ちはどうか
その人の話す内容は、自分や他人を否定しているかどうか
単に、その人といると楽しいかどうか

その人の身の回りにはどんなことが起きているか
その人の瞳はキレイか
その人の口角は上がっているか

瞳と口角には、その人の心や人となりがよくあらわれる。輝く瞳としっかり上がった口角を持つ人は、いい運を引き寄せる資質を持っているのだ。

こうした人々からいただいた物には、運気をアップするパワーが潜んでいる。周囲の「運のいい人」から、もしいただいたものがあれば大切にとっておこう。可能なら、「運のいい人からいただいた物って、お守り代わりになるそうです。私、あなたの運にあやかりたいので、お名刺を頂戴できますか？」とお願いしてみるのもあり。

運がいい人と仲良くなると、その人の持つ高い波動に影響され、自分の波動も上がってくる。同様に運の悪い人と一緒にいると、その人の気を受けてその人に似た者になっていくため、いいことが起きなくなってくるものだ。

さげまんと結婚した男性がボロボロになり、あげまんと結婚した人がビジネスで大成功を収めるのは、ここに理由がある。

もちろん、私はとても運がいい!!……と思っている。

ブログやこうした本を通じて、一生涯の心許せる友や、ビジネスパートナーと呼べる人とも出会えている。だから、いつも笑顔でいられるのだと思う。

そう、笑顔。運気を簡単に上げるためには、「とりあえず笑っとけ‼」という奥義も存在する。

金運も運のうちなので、豊かな人と一緒にいると、お金とのパイプも太くなる。よく言われていることだが、「自分が親しく付き合っている友だち5人の平均収入が自分の収入」だそうだ。これはだいたい合っている。それは皆波動を請け合い同じレベルになっているからだ。

富裕層の方々のお金の使い方は、本当にスマートである。ものすごい収入があるからといって、決して無駄遣いはしないし、いい物を大切に、直しながらずっと使っている。

お金持ちに対して「ケチ」「湯水のようにお金を使う」と思っている人も多いが、たいていの方たちは他人を寛大にもてなし、案外質素な暮らしをしているのだ。

お金を使うべきときは使い、無駄遣いはしない。

こうした彼らの姿勢を見て、学び、運にあやかるようになってから、私自身のお金の巡り方が、まったく変わってきたのである。

Maxim

37

結局のところ人生を豊かにするものは、
いかに素敵な人々に囲まれているかだ

一年に一度くらいしか会えないけれど、大好きな友人がいる。その人に会えるなら、飛行機代もホテル代もちっとも惜しくなくて、その人と一緒に過ごす時間を捻出するためなら、どんなにお金を払ってもかまわない……。そんな大切な人が、あなたにはいるだろうか。**私たちの人生を豊かにしているのは、お金をいかに持っているかどうかではない。いかに素敵な人々に囲まれているか、ということにかかってくる。**

こうした素敵な人々に恵まれるためには、自分自身が魅力的である必要があるだろう。人として成長しつづけていたり、人を心から信頼していたりといった人を、「いい人」は放っておかないのだ。私自身は友達はとても少なく、「友達です!」と言える人は数人しかいない。もっと言えば、一人いれば万々歳だ。そして、自分の本音を隠して友達をつくろうとはしていない。こうして自分を繕わず、正直に生きているおかげか、正直な人がちゃんと寄ってきてくれている。本当に、周りはいい人ばかりだ。

これまで人を信じられなくなったり、ウソをつかれたり、手のひらを返されたりしたこともももちろんある。でもこうした経験も、お金では決して買えない宝物。自分を振り返る、いい体験であったと心から思っている。

あなたが本当に心を許せる人、信頼できる人、切磋琢磨して成長し合える人が周囲にいるのなら、それはものすごい天からのギフトなのだ。

Maxim

38

お金は悟りの境地に誘うガイドである

私が「お金持ちになりたい」と思った理由は、多くの人々が求めている、「贅沢をしたい」とか、「寄付をしたい」とか、これらの動機とはまったく異なっていた。

もちろん、自分のため、他人のために使いたい、というのも一つの動機ではあったが、それ以上に、多くの人がまったく思いもしないであろう動機があったのだ。

その動機を得たきっかけは、ある本の中の一節にあった、**「お金持ちになることは、『悟りの境地』に入ることと似ている」**という言葉だった。

私はこれを、**「お金持ちになれば執着や恐れから解放され、人の目も気にならず、自分と向き合いながら生きていけるのだ」と解釈した。**

一般的に悟りの境地とは、瞑想したり、修行を積んだり、何かを全部捨てて自分と向き合ったりすることにより、得られるものだろう。

あるとき急に閃いて、そうした境地に至ることもあるだろう。

私は悟りの境地にとても興味を持っていたし、「修行にチャレンジしたい」と思ったこともある。

しかし、私は煩悩の塊でもあり、マザー・テレサのような質素な生活はしたくないし、修行やストイックに個と向き合うことは無理である。そういうことをせず、まったく執着もなく恐れもなく、自由な形で悟りの境地に入りたいと思ったのだ。

「お金をたくさん得ることでその境地に入れるのならば、私にはそれが一番合っている。お金と悟り、両方が一度に得られるなら、こんなにラッキーなことはない！」

豊かになることによって、悟りの境地にたどりつくこと。それこそが、私の動機だったのだ。

それからというもの、お金や運の勉強をするようになった。その結果、以前とはくらべものもならないほどの諭吉さんが私の目の前を通り過ぎるようになった。

それと同時に、いろいろな不思議なことが起きるようになったのである。

引き寄せの三大法則は、恐れがないこと、執着がないこと、そして心地いいことである。

お金は、この重要な3つのマインドを一気に実現してくれる存在なのだ。すでに、この3つのマインドを持つだけでかなり人として進歩していると言えよう。

たとえば、以前旅先のロサンゼルスで、買ったばかりの25万円くらいのカメラをタクシーに置き忘れてしまったことがあった。

かつての私ならば、カメラに執着しまくって、もったいないという気持ち、さらには自分を責める気持ち、その25万円があったら何ができるか……などといった感情で数か月間がんじがらめになっていたことだろう。

そして、その負の感情により、さらなる負を引き寄せていたに違いない。

しかし、心が乱れることは一切なかった。「もったいないけど、しょうがない」。「誰かが、そのカメラを使ってくれるかも」。そして「もしかしたら、戻ってくるかもしれない」。そんなことも思った。海外のタクシーに高価なカメラを忘れて、戻ってくることなどほぼない。そうわかっていても、なぜかそう思ったのだ。

結局、その思いが現実化し、カメラは戻ってきた。

カメラや損失したお金に一切執着せず、気分良く過ごしていたからだ。しかし、たとえ戻ってこなかったとしても、心は穏やかなままだっただろう。

お金で、かなりの負の感情をなくすことができる。

そういった意味からも、お金は悟りの境地に入る入り口なのかもしれない。

Maxim

39

豊かになる最短最強のメソッドは
与えて、与えて、与えること
これに勝るものなし
お金がない人ほど与えること

約8年前にポーランドに行ったときの話である。そのとき、あるご夫婦からとても重要な教えを受けたことがある。

当時、夫の給料は20万円も満たないころ。

それでも年に一回、超貧乏旅行でもいいから海外に行きたいという願いを叶えるために、毎年航空券が一番安い過酷な季節に海外に行っていた。

あるとき、テレビのドラマのロケ地にアウシュビッツの強制収容所の場面があり、自分の目で負の遺産を見ておきたいと思い立った。しかしそこは、英語圏でもなければ、まったくの未知の世界。色々とリサーチしているうちに、ポーランド在住の日本人のブログを見つけた。

その人から、ポーランド情報を得ることにした。彼は親切にも詳しく行き方や注意点など教えてくれた。

その後、出発間近になったとき、その男性からこんな申し出があった。「空港に迎えに行きますよ」と。

深夜に到着の便だったので、迷惑になるかと思い、丁重に断ったが、彼は「遠慮しなくていいです。甘えてください」と言ってくれた。

日本の欲しい物が何かあるかと思い、日本で買ってきて欲しい物を聞いたら、日経新聞

2、3日分。それ以外はお土産なども何も買ってこないでほしいと言った。

ポーランドには飛行機が遅れて到着。しかもそんなときに限ってロストバッケージだ。英語が流暢に話せなかったので、そこでかなりの時間、待たされることになる。到着から軽く1時間半以上は過ぎていたと思う。

その男性の携帯番号も、連絡先もわからない。もう、いないだろうな、と思って行ってみたらご夫婦二人でニコニコしながら我々を待っていてくれた。22時も過ぎていたというのに……。

彼がパーキングに車を待たせていると言ったのでついていった。そこには黒光りした高級車に運転手が待っていたのだ。

ご夫婦は、「遅い時間だから、軽い物でも食べましょうか?」と言い、レストランに連れていってくれて、軽いものでも……と言った割には、次から次へ注文した。

支払いのときに、お金を出そうとしたら、それを許してくれなかった。「ごちそうさせてください」とお願いされたのだ。

こんな私達のような若造に、しかも言葉遣いも非常に丁寧であった。そして、その後、少しだけ、夜のポーランドの街を車で案内してくれた。

ホテルに着くと、男性は、私たちに明日乗るバスのチケットをくれた。バスのチケット代も受け取ってはもらえなかったのだ。さらに続けて、アウシュビッツにスムースに行けるように、前日予行演習を駅でしてくれるというのだ。

一体、彼はなぜ私たちにそこまで親切にするのだろう？　と不思議でならなかった。しかも、上から目線で何かをやってあげている、ということが一切なく、すべて、彼は「私にさせてください」のお願いするスタンス。

私たちが見ず知らずの場所を安全に旅行するために神様から遣わされた使者……？　と勘違いも甚だしいのだが、そのときの私の頭の中は親切を受けるどころか、ご夫婦にはどうやってお礼をしたらいいかばかり考えていた。

まだまだ彼の親切は続く。アウシュビッツに行くまでの予行演習のとき、「何か危険な目に遭ったとか、大変なことがあったら、絶対に、ここに連絡してください。私がなんとかしますから。遠慮は絶対しないでください」と携帯番号が記されたメモを渡された。言葉の通じない国でこの言葉がどれだけ心強かったことか……。

そして、ポーランド最終日の前夜、路面電車にご夫妻と一緒に乗り、またレストランに行った。そこで彼のビジネスのこと、生き方、お金の話、貴重な話をたくさんしてくれた。

私は「今日こそ私たちに支払わせてください」とお願いしたのだが、それを許してはくれなかった。

前置きが相当長かったが、ここから本題。彼が発した言葉はこうだった。

「ごちそうさせてください。お願いします。私たちは大金持ちではありませんが、小金持ちです。ごちそうさせていただけると本当にうれしいです。そして、もし、ワタナベさんご夫婦が私たちの立場になったとき、どうぞ、お若い方をこうして助けてあげてください。どなたから、何かいただいたときは、ありがたく感謝を述べるだけでいいんですよ。そして、自分ができるときに、他の人に同じようにしてあげればいいのです」と。

この言葉を聞いたときに、頭をハンマーで殴られたような気がした。受けた親切を喜ぶ前に、私はどうお返ししたらいいのかばかり考えていたのだから。

そうではなくて、感謝して受けることと、他にお金を流すこと、それを学んだ。それ以来、私は小規模ながらも、彼のアドバイス通りのことをずっと行いつづけた。今日でもそれは続いている。

誰かに何かあげたい、と思ったらすぐに！

托鉢の方にお金入れたい、と思ったらすぐに！

ペットの街頭募金、その活動に参加したいと思ったらすぐに！

お金持ちの人が、何かをしてくれる場合、まったく見返りなど期待していない。もし、その人が喜んでくれたらうれしいだろうが、それさえ期待していないのだ。

もし、誰かに何かしてもらったら、義理でお礼を何かするよりも、心からありがとうを言い、そのことを他の誰かに廻してみる。そうすると、また不思議とどこからか与えられることになる。

日本の習慣は、ペイ・バック（受けた行為を相手に返す）だ。

しかし、**ペイ・フォワード（受けた相手に渡すのではなく次に渡すこと）の精神でいれば、どんどん豊かになり、その豊かさはもっともっと広がっていく。**

受けてばかりいては、お金は循環しない。与えた相手には見返りを期待せず、どんどんお返しをされないところに与えていくと、天に与えていることになる。

そして、与えたものは、何倍返しかでやってくることになるのだ。法則は非常に単純なのだから。

おわりに

この瞬間、あなたは幸せなお金を送り出したくなってゆく

「お金は思った通りの動き方をする」ということを小さな出来事でもいいので体感すると、そのうち、どんどん大きな金額を引き寄せたり、ビジネスがどんどん広がっていくのを体感できるようになる。

私はよく、「過去の経験」や「今起きたこと」をデータ化しておくことをすすめている。といっても、別に難しいことではない。お金に関して、うまくいったときとうまくいかなかったとき、自分の思考や感情、行動はどうだったか？　ということを簡単にノートに書き留めておくだけだ。

そうすることで、そのとき発した思考や感情と似たようなことを引き寄せていることに気づく。イライラしているときに、急な出費が重なったり、買った物がすぐに値下げになってしまったとか。逆に、機嫌よくいたら、食べたいと思っていた物をいただいたとか、臨時収入があったとか。さらに昇格したなどのうれしい出来事は、「二度あることは三度ある」ことなのだ。いいことも悪いことも同じである。

これらは起こる出来事に感情を乗せた結果、その感情と同じ周波数の事象がまた再び起きるという、一種の「引き寄せの法則」だ。

私もこういった経験がよくある。たとえば、出版した本のうれしい重版のお知らせがあるのも自分なりに分析すると、気分よく執筆していて、「いや〜、ホント、こういう環境で仕事できるって、感謝だわー」などと思っているとき。そんなときに、過去に出した本の重版が、3つ4つ立てつづけに起きるという経験が本当によくあるのだ。

そして、お金の廻り方は本当に違ってくる。それがわかっていると、あまり長い間ネガティブな感情にひたったり、他人に対して不平不満や悪口など言えなくなってくる。

もちろん人間だから、ときにはそう思うのは仕方がないのだが、長い間そういった淀みのようなイライラな感情に浸ることがあるのは危険だ。また、それに気づき実行した人が、お金に関しても違う結果を手にすることができる。だからこそ、いい気分でいるために、お金というありがたいツールで自分を満たし他人に与え、お金を循環してほしいと思う。

そのうえで負の連鎖を引き寄せない、もう1つ重要なコツを伝えるとするならば、悪い出来事が起きたとしても、すべてよい意味づけに転換し、教訓を引き出し、早めにその負の感情を終わらせることだ。これが2度目や3度目の悪いことを引き寄せないコツでもある。世の中で起きていることは、すべて自分の「解釈」と「意味づけ」で、よくも悪くも見えてくる。

さて、この本は、私の14冊目の本である。ちょうど2年前に『なぜかお金を引き寄せる女性　39のルール』という本を出版したが、この本は今なお多くの人々に愛されており、重版も続いている。それは、私のブログの読者さんたちのおかげでもあり、そして、お金という難解だと思われているツールをどう扱ったらいいかわからず、常に振り回されている人たちが多いからだとも思っている。

そこでお金に関して、憂鬱になる状態から解放されたい、という願いを持つ人々に、ぜひこのお金の本も読んでほしい……いや何度も何度も暗記するほど読んで実践してほしいと願う。

実際、この本を読んだ多くの読者さんたちからは、お金に対する不安がなくなり、心も文字通りも豊かになっている、という感想をいまだによくいただく。本書を手に取られた方々にも、そう役立ててもらいたいと心から願っている。

そして、どの本にも共通する点として書かずにはいられないこと。それは、豊かになるにも、成功するにも、美しくなるにも、メンタルの安定にも、すべては、「感謝の気持ちを持つ」ことに集約されるということだ。とはいえ、本文でも書いたが感謝は「しよう」と思ってもすぐにできるわけではない。しかし自然とそのような感謝の気持ちがわいてくる方法がある。それが、少しだけ周りに目を向けること。

たとえば、発展途上国に目を向けてみると、5人に1人は、6歳を迎えられずに簡単な病気で死んでいる、という現実がある。

それを嘆いて悲しめ、というわけではなく、自分がそういう環境にいないことだけでも、本当に恵まれた状態なのだということを知り感謝すること。

そう真剣に考えたときに、はじめて自分にもそうした人々に何か与えられる、と、私利私欲なしに自然とお金を送り出したくなるのかもしれない。

最後に、いつも私を支えくれているブログや本の読者には、ハグやらキスやらしたい衝動に駆られるくらい感謝している。

また、お金の本を世に出せたのも、間違いなく読者のおかげなのだ。

皆様への感謝と共に……。

ワタナベ薫

ワタナベ薫《かおる》　お金《かね》の格言《かくげん》

2016年3月10日　　初版発行

著　者……ワタナベ薫《かおる》
発行者……大和謙二
発行所……株式会社大和出版
東京都文京区音羽1-26-11　〒112-0013
電話　営業部03-5978-8121／編集部03-5978-8131
http://www.daiwashuppan.com
印刷所……信毎書籍印刷株式会社
製本所……ナショナル製本協同組合
装幀者……斉藤よしのぶ

ISBN978-4-8047-0514-9